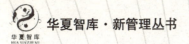

华夏智库·新管理丛书

U0503417

XIAOSHOU GUANLI
SANJIA MACHE

销售管理
三驾马车

王基道 著

经济管理出版社
ECONOMY & MANAGEMENT PUBLISHING HOUSE

图书在版编目（CIP）数据

销售管理三驾马车/王基道著 . —北京：经济管理出版社，2016.2
ISBN 978 - 7 - 5096 - 4135 - 4

Ⅰ.①销… Ⅱ.①王… Ⅲ.①销售管理 Ⅳ.①F713.3

中国版本图书馆 CIP 数据核字（2015）第 311551 号

组稿编辑：张　艳
责任编辑：张巧梅
责任印制：司东翔
责任校对：赵天宇

出版发行：经济管理出版社
　　　　　（北京市海淀区北蜂窝 8 号中雅大厦 A 座 11 层　100038）
网　　　址：www. E - mp. com. cn
电　　　话：（010）51915602
印　　　刷：北京银祥印刷厂
经　　　销：新华书店
开　　　本：720mm×1000mm/16
印　　　张：10. 5
字　　　数：145 千字
版　　　次：2016 年 2 月第 1 版　2016 年 2 月第 1 次印刷
书　　　号：ISBN 978 - 7 - 5096 - 4135 - 4
定　　　价：36. 00 元

序　言

销售管理决定销售结果

销售管理是销售结果导向的，因此对销售过程的管理至关重要，它直接决定了销售的结果。这就要求对整个销售过程实施监督和控制。事实上，有好结果的过程才是好过程，结果完美，过程就是完美的，但是有完美的过程不一定有完美的结果，特别是销售组织。

优秀的管理者看到的永远是结果，要求的也是结果，这实际上是工作方向的问题。关于销售工作导向问题，这里包括四个选项：第一，提出要求的时候，一定要规定正确的销售步骤；第二，提出要求的时候，重在界定正确的结果，而不是正确的步骤；第三，员工只要按标准化的过程操作，就会有优秀的业绩保障；第四，制度是用来防止员工犯错误的，它并不能保证优秀的业绩出现。

在上述四项中，只有第二项和第四项是正确的。因为提出要求时，如果一定要规定正确的销售步骤，那么平庸的销售管理者最后会有一个结果——否认每个销售员，因为不同的人的销售特质是不同的。简单来讲，有的人的服务意识特别强，面对面谈判他会变弱，如果把这些都固定成一个步骤，就会埋没很多人并抹杀他们的天赋。同时，销售管理、销售训练之所以难做，是因为它相对比较难，标准化比较难复制，特别是做销售。所以，有智慧的销售管理者只会做第二项和第四项。然而现实中大多数销售人员看不清工作方向，每天都是进行惯性工作，看着别人干就跟着干，没有思考要想达到结果如何发挥自己的优势、怎样才是最佳的路径、怎样是最有效力的方法等。

结果很重要，结果需要界定。界定结果有三个原则：一是满足客户利益的结果。客户价值放第一位，无论做什么事结果才是正确的，就是满足客户利益的结果位；二是发挥员工优势的结果。做什么对发挥员工的优势有利，员工做什么事对客户有利；三是符合公司目标和愿景的结果。公司的一切活动包括销售活动，表现为围绕企业文化核心层的目标和愿景。总之，正确的结果就是做什么事对公司有利，这三个结果三合一才是正确的结果，牺牲任何一方的利益，都是不能获得成长的。

界定销售结果是管理销售过程的先导，在正确的结果导向下，必须实施销售过程管理，即对销售业务流程进行管理。销售业务是一个系统，包括销售人员、销售通路和销售目标三大块，被称为销售管理的"三驾马车"。在这三大块的共同作用下，构成了一个完整的销售链并进入具体的销售实践过程。因此，销售过程管理就是对销售人员、销售通路和销售目标的管理。

销售过程管理方法是分解销售链的一连串的销售活动，并针对这些活动采用恰当的方法。其中，人员管理需要抓住选人、育人和用人这三个关键环节；通路管理需要制定和实施产品策略、价格策略、传播策略、渠道策略和促销策略；目标管理需要了解目标管理及其含义，并按照目标管理的基本程序实施管理。而这正是本书所要讨论的内容。

销售管理决定销售结果。通过学习本书给出的管理方式，对销售过程的管理，可以确保企业中各种销售活动的执行成果能具有一定的水平和精确度，同时也能持续改善销售活动的进行方式串连销售活动的作业流程，让企业具有强有力的销售链，并保持其在市场上的竞争力。

目 录

第一部分　销售管理与 ABC 管理法

导读

　　在人类历史上，管理首次解释了为什么我们能够在生产领域中雇用大量知识工作者与技术人员，这使生产效率有了很大的提高，在以往的任何一个社会却无法做到这一点。把具备不同技术与不同知识的人集合在一起，以实现一个共同的目标，对于销售管理来说具有重要意义。

　　销售管理，属于营销管理中的一个模块，也是企业管理的重要组成部分，主流商业教育如 MBA、EMBA 等均将销售管理作为其对管理者进行教育的一项重要内容并将其包含在内。现代企业都很重视销售管理，其根本目的是提高销售额，增加企业盈利。而单纯地依靠人的主观能动性很难达到一定程度的提升，这种情况在中小企业中尤为明显，而 ABC 管理法的出现及其在销售管理中的应用，被称为 ABC 销售管理法，这让企业能够最终实现快速发展的目标。

　　ABC 管理法是帕累托理论在物流管理领域中的应用。在 18 世纪，意大利经济学家威利弗雷德·帕累托在一项对米兰财富分布的研究中，发现 20% 的人控制了 80% 的财富，而其余 80% 的人却只占有 20% 的财富，他将这一关系用图表的方式表示出来，就是著名的"帕累托定理"。该分析的核心思想就是在决定一个事物的众多因素中，少数因素对事物具有决定性作用，而多数属于对事物影响较小的次要因素。

ABC 管理法作为一种对存货进行分类管理的方法，在研究库存管理时，如果需要库存的品种太多，无法对每一类品种都单独制定相应的复杂的存货控制策略，就需要将物资按 A、B、C 三类分开，分别确定不同的管理方式。其分类划分标准一般按年消耗总金额及所占品种数的百分比进行。如表 1-1 所示。

表 1-1　ABC 管理法在存货分类管理中的应用

类　别	品种数（%）	年消耗总金额（%）
A	10 ~ 20	60 ~ 80
B	20 ~ 30	15 ~ 40
C	50 ~ 70	5 ~ 15

一般来说，A 类物资应力求减少积压，因此要勤检查、勤订货。C 类物资品种多，而占用金额少，因此可以加大订货量，增加安全库存量，而减少管理。B 类物资则介于两者之间。

1951 年，管理学家戴克将其应用在库存管理上，命名为 ABC 分析法，也就是 ABC 管理法。后来，质量管理专家约瑟夫·莫西·朱兰将其引入质量管理，用于质量分析。到了 1963 年，被誉为"现代管理学之父"的彼得·德鲁克将这一方法推广到全社会各个领域，广泛应用于工业、商业、物资、人口及社会学等领域，以及物资管理、质量管理、价值分析、成本管理、资金管理、生产管理等许多方面，使 ABC 管理法成为企业提高效益的普遍应用的管理方法。

ABC 管理法是对企业某一具体管理对象，选择两个相关的主要标志（物资品种数和资金占用额，或零部件数和成本，或废品数和废品原因等）进行数量分析，计算出该对象中各个组成部分占总体的比重，按照一定标准把管理对象分成 A、B、C 三类，根据不同类型的特点，采取不同程度的管理方法，这样既保证重点，又照顾一般，从而实现最经济、最有效的管理，使企业取得良好的经济效益。为了解决销售方面的问题，有识之士将 ABC 管理法应用到销售领域，这就是"ABC 销售管理法"。运用 ABC 销售管理法，可以提升人员素质，增加销售业绩，从而为企业和顾客创造价值。

对所有企业来讲，我们都应该记住的最重要的一点就是：结果只存在于企业的外部。商业经营的目标是让顾客满意；医院的目标是治愈病人；学校的目标是使学生学到一些在 10 年后参与的工作中能使用的知识。而在企业的内部，只有成本。一个管理者只有能够理解这些原则与功能，才能成为一个不断获取成功、成绩斐然的管理者。

一、管理的起源与发展

对世间的任何事物，不懂得过去，就无法更好地理解现在，也难以把握未来。对管理来说也是如此。现在人们更多地考虑今天的管理，这一点当然很重要。但是，我们不能不知管理的根源，忽略其发展过程中各种不同的影响因素与作用，而这些却曾帮助塑造了今天的管理。因此，我们需要了解管理的起源与发展的历史脉络，以便更好地做好当下的管理工作。

1. 管理的起源

"管理"的英文是"To manage"，来源于拉丁文 Manus，字面意思是"手"，原意是训练马匹的步法，使用缰绳、马笼头、踢马刺、马鞭子等，将人的意志强加于马匹，即竭力通过管理进行控制马匹的步法。在英语里，"管理"这个词很长时间泛指对事物的控制和指导，而不管是个人事务还是集体事务。有研究者发现，Manus 也有"权力"和"权限"的深层含义，中世纪晚期时，意大利 Maneggiare 逐渐取代了原来的 Factore（英语"Factore"的原意是贸易站和生产的地方，起源于此），成为对主管贸易、制造企业的官员的称呼。法语 Manegerie 在 16 世纪也开始出现。从 17 世纪开始，成百上千本出版物的书名里都有"管理"这个词，其内容从农业、林业、医疗保健、儿童教育到监狱，包罗万象。而到 17 世纪中期时，这个词也被应用到商业和金融事务。进入商业金融时，管理最初的意思是"去做"和"引起什么被做"，后者更为重要。看一下今天的管理活动及与之相关的活动，如引导、领导、策划、控制、指导、协调等，可以看出这个词还广泛保持了其原有意思。

在资本主义社会里，由于人们被认为除考虑自身利益外，不考虑其他事情；且彼此都不能离开对方的双方签订雇佣合同已成了普遍现象，所以管理就更为完善、更为微妙的手段了。事实上，"控制"是资本主义社会一切管理制度的中心思想。

中国的管理思想源远流长。中华民族第一部古典文集和最早的历史文献、被列为儒家经典之一的《尚书》中的《洪范》篇，曾系统地讲述了中国上古时期的宏观经济管理思想，并把管理的方法分为九种："初一曰五行，次二曰敬用五事，次三曰农用八政，次四曰协用五纪，次五曰建用皇极，次六曰义用三德，次七曰明用稽疑，次八曰念用庶征，次九曰向用五福，威用六极。"其中与管理思想最为紧密的就是"八政"，即"一曰食，二曰货，三曰祀，四曰司空，五曰司徒，六曰司寇，七曰宾，八曰师"，这就是管理界所谓的"洪范八政，食货为先"的解决民生和货物流通的管理思想。

另外，在中国传统文化思想中，"企业"管理概念的来源从词源学来讲，已是近代才有的词，但"企业"一词中的"企"字最先出自二十四史之一的《汉书·高帝纪》："日夜企而望归。"《辞海》对"企"字的注解是"举踵而望立也"，即"抬起脚后跟站着"，"企及"、"企盼"、"企图"、"企足而待"等词中的"企"字都含有这一层意思。"企业"的英语词为"Enterprise"，原意为企图冒险从事某项事业，后来专指经营组织或经营体。日本人最先将"Enterprise"意译为汉字"企业"后传入中国。1912年，时任北洋政府农工商总长的张謇颁布了《公司保息条例》，该条例在"驱除企业者障碍，消释投资者之疑沮"中首次提到了"企业"二字。

在中国传统经济管理思想中，"修己"（体）与"治人"（用）是两个重要的要素，中国人虽说更重视"体"，即管理人的道德品格修养，但是也不忽视"用"，即如何管理的问题。具体到"如何管理"的问题上，中国传统文化中有两种基本的模式：一是"无为而治"，二是"有为而治"。"无为而治"的管理模式主要包括道家学派的"顺其自然"、儒家学派的"修德于己"、法家学派的"治吏不治民"和黄老学派的"治大不治小"、"君无为臣有为"。出于对"有为"内涵的不同理解，"有为而治"这一管理模式又大体分为两种：一种是以孔孟为代表的儒家学派主张"为政以德"，可以称为"柔性管理"；另一种是以韩非为代表的法家学派主张"以法治国"，可以称为"刚性管理"。

无论是"无为而治"还是"有为而治"，从本质上看，它们所解决的是"如何管理"和"治人"的问题。当然，先秦"诸子百家"中对后代影响最大的是儒、道、法、墨四家。其中，儒家的"民本、仁爱、中庸"以及以"和"为贵的修己安人的管理思想，在中国以后几千年的历史发展中成为左右人们管理思想的主导价值观；而在越来越注重人性化管理的当今社会，"无为而治"思想更是大行其道，受到许多人的重视，并被运用到企业管理实践当中。

古代前贤们的思想对当代的企业管理仍然具有极为重要的借鉴意义。而有着几千年古代文明史的中华民族，创造了辉煌灿烂和博大精深的古代文明，其中蕴含着丰富的管理思想和民族的精神财富，已经成为东方管理思想的主要源泉。

2. 管理的发展

这里讲的管理的发展，是指企业管理的发展历程。从世界范围来看，企业管理的发展大体经历了三个阶段，如表 1－2 所示。

表 1－2　企业管理发展三大阶段

阶　段	特　征	
传统管理阶段（18 世纪末至 19 世纪末）	这一阶段出现了管理职能同体力劳动的分离，其特点是一切凭个人经验办事	这个时期的主要理论和代表人物有：亚当·斯密的《国民财富的性质和原因的研究》简称《国富论》，其管理理论贡献之一是劳动分工理论；查尔斯·巴贝奇的《轮机器和制造业的经济》着重论述专业分工与机器使用的关系；罗伯特·欧文是 19 世纪初最有成就的实业家之一，是一位杰出的管理先驱者。欧文提出，要重视工厂管理工作中人的因素，工厂应该致力于人力资源的开放和投资，被誉为"现代人事管理之父"
科学管理阶段（20 世纪 20 年代至 40 年代）	这一阶段出现了资本家同管理人员的分离，管理人员总结管理经验，使之系统化并加以发展，逐步形成一套科学管理理论	期间，在美国、法国、德国分别活跃着具有奠基地位的管理大师，其中包括：美国著名管理学家、经济学家，被誉为"科学管理之父"的泰勒，其代表作为《科学管理原理》，书中提出通过对工作方法的科学研究来提高工人的劳动效率的基本理论与方法，其理论奠定了科学管理的理论基础，是企业管理从经验向科学过渡的标志。亨利·甘特是人际关系理论的先驱者之一，科学管理运动的先驱者之一，甘特图即生产计划进度图的发明者。他提出了计件奖励工资制，其著作有《工业领导》、《工作的组织》等。亨利·福特是美国的汽车工程师与企业家，福特汽车公司的建立者。他创造了第一条流水生产线。此外还有"管理理论之父"法约尔（管理过程学派的创始人）、"组织理论之父"马克斯·韦伯（公认的现代社会学和公共行政学最重要的创始人之一）等

阶　段		特　征
现代管理阶段（20世纪50年代以后）	现代管理理论阶段主要指行为科学学派及管理理论丛林阶段。这一阶段的特点是：从经济的定性概念发展为定量分析，采用数理决策方法，并在各项管理中广泛采用电子计算机进行控制	行为科学的主要成果有：行为科学创始人梅奥的《工业文明中人的问题》，注重人的因素的研究；美国著名的行为科学家道格拉斯·麦克雷戈提出了著名的"X—Y理论"；美国社会心理学家、人格理论家，人本主义心理学的主要发起者亚伯拉罕·马斯洛，他的动机理论被称为"需要层次论"，著作有《人的动机理论》、《动机和人格》。此外还有美国心理学家、管理理论家、行为科学家，双因素理论的创始人弗雷德里克·赫茨伯格；美国管理心理学家、行为科学家以及美国北卡罗来纳大学著名的行为学教授亚当斯的公平理论（又称社会比较理论）；著名心理学家和行为科学家，期望理论奠基人维克托·弗鲁姆的期望理论，等等 现代管理理论方面的主要理论和代表人物有：美国管理学家、管理过程学派的主要代表人物之一——哈罗德·孔茨，其著作有《管理学》；系统组织理论创始人，现代管理理论之父切斯特·巴纳德，代表作品有《经理人员的职能》等；经济组织决策管理大师，第十届诺贝尔经济学奖获奖者赫伯特·西蒙，主要著作有《管理行为》、《人工的科学》、《思维模型》等。此外还有经济管理系变学派的主要代表人物弗雷德·卢桑斯、管理科学学派代表人物埃尔伍德·斯潘塞·伯法、"现代管理学之父"彼得·德鲁克，等等 值得一提的是，20世纪八九十年代，摩托罗拉公司创建了六西格玛管理的概念和相应的管理体系，并全力应用到公司的各个方面；美国麻省理工学院教授詹姆斯·P.沃麦克等专家通过"国际汽车计划"（IMVP）对全世界17个国家90多个汽车制造厂的调查和对比分析，认为日本丰田汽车公司的生产方式是最适用于现代制造企业的一种生产组织管理方式，这就是"精益管理"。"精益思想"的核心就是以最小资源投入，包括人力、设备、资金、时空，创造出尽可能多的价值，为顾客提供新产品和及时的服务

　　中国的企业管理发展历程独具中国特色。事实上，中国真正的市场经济下的企业管理发展是从改革开放后开始的，对于中国企业管理发展变化过程，按照不等级发展的观点，虽然不需要经历所有西方国家企业所经历的管理过程，但有四个大的阶段是中国企业管理发展必须要经历的阶段，即初级阶段、中级阶段、高级阶段和超越阶段，如表1-3所示。

表1-3　中国企业管理发展四大阶段

阶　段	特　征
初级阶段	这一阶段主要需要解决的问题，对于原来的国有企业来讲，是企业的市场化过程，解决国家与企业之间关系的问题，要解决的是企业的政治身份向市场身份的转变。采用的主要方法是内容股权改制、领导人机制改变、人事制度改革。国内的大多数企业已经或者正在完成企业管理发展初级阶段的这个过程
中级阶段	对于国有企业来讲，在第一阶段把身份定位成市场化之后，就要从运作行为上把企业的计划性职能性质向企业的市场化职能性质转变，使企业从政治意识安排向经济意识安排过渡，是破而立的过程。所以战略管理、文化管理、绩效管理、现代薪酬管理、组织结构重构是这个阶段的主要内容。而对于民营企业来讲，是在第一阶段的领导者观念转变之后，在经营行为上从混沌与随意走向规则与秩序的过程，是弃乱立规的过程。其规范的内容基本上和国有企业差不多。这就是所说的科学。在中国，有一部分企业理念超前的企业完成了这个过程
高级阶段	规范化过程曾经提到管理的科学规范化会影响个人的创造性，而这个阶段就是要解决规范与创造并存的问题。这是把企业管理的粗放转变为精细化的过程，也是把现代管理从制度转向人性的过程。这一过程中已经没有什么国有与民营企业的划分，而是同等身份、地位的发展。这一阶段管理的主要内容包括组织的流程化运作、精益化制造、文化型组织、自主化组织、核心竞争力、扁平化组织、知识管理等。国内企业目前只有像海尔、联想等为数不多的企业完成了或者正在实现这个过程
超越阶段	这时的企业管理发展已经从学习阶段转向了自我创造阶段。中国企业在汲取了美国、日本等国家市场经济下企业管理发展的精华之后，开始创造适合自身的，能够引领潮流的管理方法和技术。面对全球经济一体化的进程和知识经济的发展，以及网络技术的普及，中国企业管理发展应如何进行变革以适应这种现状，未来管理将怎样发展来满足环境的要求，将是中国企业管理需要研究解决的远景导向问题

　　中国企业管理发展的四个阶段，每个阶段都有独特的企业管理发展内容和实施方式，并针对相应的需要解决问题。总的来看，在前三个阶段中，是以学习为主、创新为辅，而在第四个阶段，将是以自创为主、借鉴为辅。

二、ABC 管理法简介

ABC 管理法，通常也叫重点管理法或分类管理法。这种方法是运用数理统计的方法对事物、问题进行的分类排队，抓住事物的主要矛盾的一种定量的科学分类管理技术。这种方法把事物或管理对象，按影响因素或事物属性或所占比重，分为 A、B、C 三个部分。由于它把被分析的对象分成 A、B、C 三类，所以又称为 ABC 分析法。其特点是既能集中精力抓住重点问题进行管理，又能兼顾一般问题，从而做到用最少的人力、物力、财力实现最好的经济效益。

1. ABC 管理法基本原理

世界上的任何复杂事物，都存在着"关键的少数和一般的多数"这样一种规律。事物越是复杂，这一规律便越是显著。将有限的力量主要（重点）用于解决这具有决定性影响的少数事物上和将有限力量平均分摊在全部事物上，如果把这两者相比较，当然是前者可以取得较好的成效，而后者则成效较差。ABC 管理法便是在这一思想的指导下，通过分析，将"关键的少数"找出来，并确定与之适应的管理方法，这便形成了要进行重点管理的 A 类事物。这就能够以"一倍的努力取得七八倍的效果"。

ABC 管理法"库存"的问题常常被用到。一般来说，企业的库存反映着企业的水平，调查企业的库存，可以大体搞清该企业的经营状况。虽然 ABC 管理法已经形成了企业中的基础管理方法，有广泛的适用性，但目前应用较广的还是在库存分析中。

事实上，实施 ABC 管理法的对策，就是指"分类管理"的过程。根据 ABC 分类结果，权衡管理力量和经济效果，制定 ABC 分类管理标准表，对 A、B、C 这三类对象进行有区别的管理。

2. ABC 管理法具体步骤

ABC 管理法的具体步骤可以依次简述为以下几个部分，如表 1 - 4 所示。

表 1 - 4　ABC 管理法的具体步骤

序　号	实施内容
1	收集数据，列出相关元素统计表
2	统计汇总和整理
3	进行分类，编制 ABC 分析表
4	绘制 ABC 分析图
5	根据分类，确定分类管理方式，并组织实施

为了在实践中体现这几个步骤，下面我们以库存管理为例来说明 ABC 管理法的具体应用步骤。如果我们打算对库存商品进行年销售额分析，那么它的步骤如表 1 - 5 所示。

表 1 - 5　ABC 管理法的库存商品应用步骤

序　号	实施内容
1	收集各个品目商品的年销售量、商品单价等数据
2	对原始数据进行整理并按要求进行计算，如计算销售额、品目数、累计品目数、累计品目百分数、累计销售额、累计销售额百分数等

续表

序 号	实施内容
3	制作 ABC 分类表。在总品目数不太多的情况下,可以用大排队的方法将全部品目逐个列表。按销售额的大小,由高到低对所有品目顺序排列;将必要的原始数据和经过统计汇总的数据,如销售量、销售额、销售额百分数填入;计算累计品目数、累计品目百分数、累计销售额、累计销售额百分数;将累计销售额为 60% ~80% 的若干品目定为 A 类;将销售额为 20% ~30% 的若干品目定为 B 类;将其余的品目定为 C 类。如果品数很多,无法全部排列在表中或没有必要全部排列出来,可以采用分层的方法,即先按销售额进行分层,以减少品目栏内的项数,再根据分层的结果将关键的 A 类品目逐个列出来进行重点管理
4	以累计品目百分数为横坐标,累计销售额百分数为纵坐标,根据 ABC 分析表中的相关数据,绘制 ABC 分析图(见图 1 - 1)
5	根据 ABC 分析的结果,对 A、B、C 这三类商品采取不同的管理策略

下面是表 1 - 5 第四步中提到的"ABC 分析图",如图 1 - 1 所示。

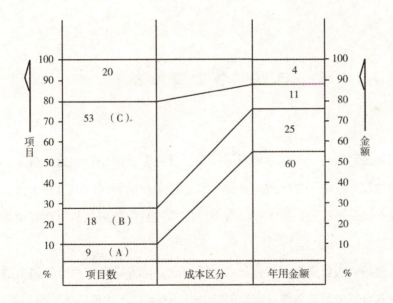

图 1 - 1 ABC 分析图

在实践中，ABC 法还可以应用到质量管理、成本管理和营销管理等管理的各个方面。比如在质量管理中，我们可以利用 ABC 法分析影响产品质量的主要因素，并采取相应的对策。

例如，我们列出影响产品质量的因素包括：外购件的质量、设备的状况、工艺设计、生产计划变更、工人的技术水平、工人对操作规程的执行情况等。我们以纵轴表示由于前几项因素造成的不合格产品占不合格产品总数的累计百分数，横轴按造成不合格产品数量的多少，从大到小的顺序排列影响产品质量的各个因素。这样，我们就可以很容易地将影响产品质量的因素分为 A 类、B 类和 C 类因素。假设通过分析发现外购件的质量和设备的维修状况是造成产品质量问题的 A 类因素，那么我们就应该采取相应措施，对外购件的采购过程严格控制，并加强对设备的维修，解决好这两个问题，就可以把质量不合格产品的数量减少 80%。

三、销售管理的含义

销售是创造需求与满足需求的过程，管理即设定目标、满足需求、跟进结果的过程。所谓销售管理，就是管理直接实现销售收入的过程。狭义的销售管理专指以销售人员为中心的管理，广义的销售管理是指对所有销售活动的综合管理。

一流的销售就是为了创造需求，换言之，销售应是一种引导消费潮流吸引消费者自愿地消费而使商家销售行为进一步延续下去的创造性行为。首先，销售就是应该把这种新体验的具体要求创造出来，并创造出消费的热点，从而引领现代文明的进步。其次，销售应能够为商家和消费者带来最大的效用，而满足需求是不能带来最大效用的，创造需求才能使效用得到最大化。当商家创造出需求的时候，市场竞争仍不激烈，迎合这种新创造的需求的产品将会迅速占领市场，给商家带来最大的利润，而消费者也因此能够享受最新的体验，获得最大的效用。然而，当新需求已经产生，商家才后知后觉地生产商品迎合需求，这时候，商家早就损失了因创造需求而带来的利润了，此时的商品销售行为又如何称得上是销售呢？因此，创造需求才是销售的真谛。

1. 销售管理的管理过程

销售过程管理，也叫作营销过程管理，或称营销业务流程管理，是分解销售链的一连串的营销活动，并针对这些活动的作业流程进行管理。其目标在解构营销业务流程，并采用恰当的方法来确保企业中各种营销活动的执行成果能具有一定的水准和精确度，同时也能持续改善活动的进行方式，串联活动的作业流程，让企业具有强有力的销售链，保持在市场上的竞争力。

在营销过程管理中的核心是工作流程，因为流程的明确与否和销售计划是否能被有效执行有极大的关系。而许多营销管理上的问题都和销售链作业程序（也就是营销活动）有关，各种层面的流程改善（如销售计划、计划分解、业务协同、阶段进度、销售步骤、阶段成果的作业程序）对企业的营销结果有关键性的作用。

销售过程管理是客户关系管理系统的核心组件。在销售过程中，它针对每一个线索、客户、商机、合同、订单等业务对象进行有效的管理，提高销售过程的自动化，全面提高企业销售部门的工作效率缩短销售周期，帮助提高销售业绩。它可以有效地支持总经理、销售总监、销售主管、销售人员等不同角色对客户的管理、商业机会的跟踪，订单合同的执行等，有效导入销售规范，实现团队协同工作。

销售过程管理常用的方法一般来说包括销售目标管理、时间管理、销售员过程管理等。这方面的内容将在本书后面的章节详加介绍。

2. 销售管理的管理"四化"

销售管理是从市场营销计划的制订开始，销售管理工作是市场营销策略计划中的一个组成部分，其目的是执行企业的市场营销战略计划，其工作的重点是制定和执行企业的销售策略，对销售活动进行管理。为此，企业在实施自身的销售管理体系时，需要做到"四化"，即制度化、简单化、人性化和合理化，如表1-6所示。

表1-6 销售管理的管理"四化"

四 化	含 义
制度化	没有规矩就不成方圆。一个企业或组织要想进步，就必须有相应的制度来约束员工，管理企业。销售管理也如此。销售管理需要一定的规章制度，而这些要依靠销售管理者去实施，要通过制定相关的制度加以保证。销售管理制度化是销售管理的基础。实现销售管理制度化，企业或组织就要制定一套高效、系统、完善的制度，使销售管理者与业务员有"法"可依，才能做到有"法"必依，违"法"必究，执"法"必严。销售管理制度化才能保证企业适应市场环境高效地运转起来
简单化	管理制度并不是越多越好，也不是越复杂越好，而应该是越精简越好。现代企业管理追求的是简单化，只有简单的才是易于执行的。销售管理简单化是必要的，因为简单化可以节约资源、提高效率。复杂的销售管理在组织上叠床架屋，在程序上往复循环，在时间上大量浪费，在成本上居高不下。不能简单化就谈不上科学管理，就不会出效益。销售管理简单化是可行的。由于人性的复杂性，造成了销售管理工作的复杂性。但销售管理工作的复杂，并不代表管理操作一定要复杂。销售管理工作可以简单而且有效。销售管理简单化是销售管理的至高境界。这就要求销售管理者树立把管理工作简单化的思想，通过思想观念的创新、技术手段的创新，把复杂的流程、标准、制度、运作变得简单方便，组织扁平化就是管理层次简单化的一个例子

续表

四 化	含 义
人性化	要明白什么是人性化管理，就必须知道人性是什么。人是复合体，是一种复杂的变化的不同于物质资料的特殊资源，并非简单的"经济人"或"社会人"，所以人性也不能简单地以性"善"、性"恶"来概括。人性中的东西有善的、有恶的，在不同环境中又是变化不定的，由此导致人的需求并非固定不变的。不同时空中会有不同的需求；"欲壑难填"在一定程度上是其真实的写照。销售管理人性化中的人性指的就是人的天性，即"善"、"恶"并存的天性。在不同的环境中有不同的表现。所以，销售管理人性化应该是在充分认识人性的各个方面的基础上，按照人性的原则去管理，利用和发扬人性中有利的东西为管理和发展服务；同时对于人性中不利的一面进行抑制，弱化其反面作用。在销售管理人性化的实施和手段上采取"人性"的方式、方法，尊重个人、个性，而不是主观地以组织意志或管理者意志来约束和限制业务员。在实现共同目标的前提下，给业务员更多的"个人空间"。而不仅仅是靠理性的约束和制度的规定来进行管理
合理化	所谓合理化，即不断地将不合理调适为合理的努力过程，亦即进行更好的改善，以确保企业拥有竞争优势，永续经营发展。企业管理的合理化要素，一是抓住异常，重点管理；二是追根究底，止于至善；三是自我回馈，自动自发。销售管理者要培养一个公开、公平、公正的企业环境，对任何业务员要"一碗水端平"，不能因为个人的好恶而有失公允、有所偏袒，什么事情都要对事不对人，合法、合理、合情地对待每一位下属。在现代社会，人类的价值得到普遍尊重，销售管理者采取不合理的管理策略收到的效果肯定是事与愿违。要实现合理化，企业上下就要达成全员共识，形成共同的经营理念，并打造优秀的企业体制及文化

　　销售方面的管理是非常难的，因为每天要了解销售员的成绩以及销售员的心理变化，如果对这方面不是很关注的话，好的销售员会很快地流失掉，自然也就无法收到理想的销售效果。因此，我们要先了解上述最基本的销售管理的管理"四化"理论。

四、ABC 销售管理简介

在企业的运营中，究竟是管理重要还是销售重要？很多人认为，这两者不是在一个层级上，他们认为销售只是管理的一部分。这样的认知也导致了非常多的企业在销售方面存在先天性的缺陷。比如企业普遍习惯于从企业内部提高效率，降低成本，也习惯这样的竞争方式，却弱于立足企业外部、营销导向的思考。由此可见，很多企业虽然从"管理"的角度来看堪称卓越，但从销售的角度来看却存在严重的战略问题。

为了解决销售方面的战略问题，应该将"ABC 管理"理论进一步升华，并将其应用到销售领域，这就是"ABC 销售管理法"。运用 ABC 销售管理法，可以获得很好的销售管理效果，提升人员素质，增加销售业绩，从而为企业和顾客创造价值。

1. 什么是 ABC 销售管理

我们知道，ABC 分析管理法是把管理对象按影响因素或事物属性、所占比重，分为 A、B、C 这三个部分，以便于集中精力抓住重点问题进行管理，又能兼顾一般问题，从而实现最好的经济效益。而 ABC 销售管理，就是将上述管理对象的 A、B、C 这三个部分比作人、法、数，即人员、通路、目标，通过对这三者的管理，实现最佳销售管理效益。

酒店作为服务行业的一个典型代表，其销售对其他行业具有普遍意义。因此，下面我们不妨以酒店为例，来说明 ABC 销售管理法的应用，以加深对这一思想方法的具体化理解。

酒店销售有四个核心：其一，酒店的客户是谁？其二，酒店的竞争对手是谁？其三，酒店的"卖点"是什么？其四，酒店的销售人员如何？现在就来一一分解这四个核心。

酒店的客户是谁？可以根据销售区域图按照酒店地理位置的远近划定商圈，并按照 ABC 分成三类：一是可以根据和自己关系的远近划分客源，按照 ABC 分成三类。二是可以根据电话黄页中电话数量的多少来基本确定单位的大小，按照 ABC 分成三类。三是如何接触客户？可以先以自己为圆心，把直系亲属列为 A 类，这是核心圈。把亲戚、老师、朋友等列为 B 类，这是紧密圈。把邻居、同事、朋友的朋友等列为 C 类，这是熟悉圈。从 A 到 B 到 C 一步一步去争取，三类客户中有些级别不是永恒的，是可以调整晋级的。至于时间排序和行动步骤，同样按照 ABC 细化成第一步是什么、第二步是什么、第三步是什么？

酒店的竞争对手是谁？也按照 ABC 分成三类：第一类是最直接和最厉害的竞争对手；第二类是与自己旗鼓相当的竞争对手；第三类是一些不直接构成威胁但是也占一定市场份额的中小店。根据对手的不同情况可以选择不同的应对策略。

酒店的"卖点"是什么？"卖点"是我们用以制敌的武器。也按照 ABC 分成三类，确定自己独一无二的是什么，就比如特色产品与服务。

酒店的销售人员也按照 ABC 分成三类：A 类是最强的销售人员，他要对应最大的客户，比如应对某个大客户就需要酒店董事长或者老板亲自出面；B 类自然就是总经理、销售总监、大堂经理、销售经理；C 类就是总台的接待、餐饮部的迎宾点菜等。

通过对酒店实施 ABC 销售管理法的分析可知，销售过程中运用这种方法可以让我们厘清思路，抓住事物（准确说是销售事务）的主要矛盾，有的放矢，最后夺取胜利。

2. "人、法、数"的含义

"人、法、数"是 ABC 销售管理法中缺一不可的三个方面，三者相互影响、相互促进。事实上，ABC 销售管理法中的"ABC"，强调的就是三者之间的互动关系，如图 1-2 所示。

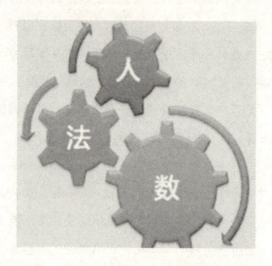

图1-2　ABC 销售管理"人、法、数"三要素

在 ABC 销售管理法中，"人"的因素被放在了第一位，显示出人的重要性。按照 ABC 销售管理法"抓住主要矛盾"的思想，我们不妨从"人"这一关键要素入手，通过对"人"的解析，就能够举一反三、推而广之，完全可以以同样的思维去理解"法"和"数"的含义。事实上，如果能够熟练掌握"人"的 ABC 管理法，做好基本动作，将减少抗拒，并增加信心，最终取得好的销售效果。

首先，我们把"人"这一要素分成 A、B、C 这三个不同的销售身份：A是顾问，包括积极的上属、有一定成绩的老师等。B 是桥梁，是销售人员自己，他是真正的主角，销售是否成功关键在于在"B"。C 是顾客，他们是销售人员更是朋友。

事实上，"B"在 ABC 销售管理法中起到承上启下的作用，因此这个角色是最重要的。其实，从"全员营销"的角度来说，企业中的每一个员工都是"B"。在实务中，"B"对"A"的适当推崇，可让"A"凭借自己的专业知识和成功经验，帮助"B"达成沟通新人"C"的工作，让"C"对"A"的讲解增强信任感；同时，"B"主要是通过借助"A"的力度对"C"进行工作，主动了解"C"的情况和想法，并要将这些想法向"A"汇报，研讨方法，讨论怎样跟进"C"。在销售过程中，"B"学会借助各种"A"来帮助自己是一个非常好的方式，也是销售中的黄金法则。由此可见，在 ABC 销售管理法，"B"才是真正的主角！

【心得体会】

_____
_____
_____
_____

【行动计划】

_____
_____
_____
_____

第二部分 人——人员管理

导读

　　21 世纪的竞争是企业文化力的竞争，是企业人才的竞争，是企业执行力的竞争，是企业情报力的竞争，更是企业服务力的竞争。在这所有的竞争中，人是至关重要的第一位因素，如图 2-1 所示。

图 2-1　ABC 销售管理法"人"的地位与作用

人是复杂的，人才更是稀缺的！为了帮助大家认识到人才的重要性，先要树立以下几个观念：

观念一：企业必须将人的问题提升到企业战略的高度上来，正所谓"高度决定未来"。

为什么企业"空降兵"失败率高达80%以上？如何为快速成长的企业培养、复制大量的合格的"士兵"？如何规范合格"士兵"的工作语言和行为，提高企业凝聚力和统一作战能力？这一切的问题都指向一个答案，这就是人才战略。正如杰克·韦尔奇所说："正确选择、培养适当的合格的人，这将是更重要的发展战略！"可见人是制约事业发展的关键因素。

有一个故事讲的是硅谷里的年轻人，这些年轻人根本不缺钱，腰里揣着绿花花的钞票的风险资本家随处可见，但他们不看你的技术，不看你的产品，不看你的计划，只看你这个人。风险投资就是看人。有的风险投资商的做法更绝，你给他计划，他根本不看。他就是和你吃饭，了解你这个人。如果你人行，他就给你投钱。其实无数的企业都是因为人的付出而创造了奇迹，比如海尔、联想、华为等企业，他们都是创造了历史，创造了奇迹。就销售而言，就是招到了做销售的人，可是人员的管理又成为企业管理的一大难题，如何管理，如何更有效地管理，如何保证队伍的稳定性，如何保证团队的战斗力？事实上，销售人员的管理是企业管理中最让人头痛的事，所以很多企业在人员达到一定数量的时候，就丧失了管理能力。最典型的案例就是当时采用人海战术而出名的三株，也是因为人的问题让三株一夜之间化为乌有。每一个企业要想成就大事，就要将企业中人的事作为企业的战略来抓，列为头等大事，从组织到每个部门，再到每一个人。

观念二：人是第一生产力。

21世纪人才是关键，是人才的竞争。面对市场上的激烈竞争，一个企业要想不被淘汰出局，就要不断努力让自己更加优秀，以人为本拥有更多优秀的人才。没有人才的保障，只能靠技巧与人争天下，就不能一步一步把公司推向壮大。智力是公司壮大的源泉，人才济济是做大公司必须选择的第一条捷径。

松下幸之助很懂得"人才是第一要素"的道理，他的松下电器王国非常注重笼络人才、培养人才和开发人才，让最有创造力的人为其开发最先进的技术，从而在电器市场上，永远立于不败之地。20 世纪 70 年代末，日本工程师本太名研制出一种较为理想的彩电显像器，大大提高了彩电成像的清晰度。其研究成果尚未公布，神户一家电器老板腾田偶然得知这一讯息，立即高价买下了本太名的这项专利。不久，由腾田公司生产的彩电由于图像清晰，在市场上大受欢迎，供不应求，腾田公司赚取了大量利润。其他公司生产的黑白和彩色电视机被冷落了，松下电器公司在市场上占有的市场份额也渐渐减低。眼看"大哥大"的地位不保，松下幸之助派人了解腾田公司的技术来源，发现其显像技术是本太名提供的。他并不急于要得到这种技术，而是立即下令，无论如何松下公司也一定要得到本太名。后来经过多方努力才得到了本太明，也成就了松下帝国。可见人才的重要性，所以从现在开始请重视你的人才。记住：人才是第一要素！

观念三：做正确的事，要找正确的人。

一件事要做正确，一定要有一批正确的人去完成，如果正确的事让不正确的人去做就一定会出问题。在这里，我们来看看《三国演义》中关于"马谡失街亭"的案例。我们不要想类似的故事重现，我们要明白做正确的事，要找正确的人。

据《三国演义》中描写，马谡长于战争理论、战略部署和战术安排，但是缺乏实战经验。街亭一战中，他担任先锋，不听取副将王平的建言，一意孤行，犯了兵家大忌，导致蜀军惨败。由于他立下了军令状，诸葛亮不得不将他处死以正军法，"挥泪斩马谡"后，诸葛亮也自求降职，承担北伐失败的责任。

观念四：合格的销售职业人是可以培养出来的。

对于企业来说，找到一件正确的事情并不难，难就难在在市场高度发展、各种各样机会层出不穷的情况下，找到一个正确的、有很强执行力的人。销售人员的天职就是遵守纪律、执行命令，完成公司下达的任务。当然现在做销售的会有很多人，企业可以去"找"和"招"，可是，"找"与"招"，都不如有自己的合适的人才。

要培养出合格的职业化销售人员，就必须对销售人员进行职业化的训练，训练的目的就是要他们明白什么是正确的，什么是错误的，什么是可以做的，什么是不可以做的，怎么去按照标准去做，什么是必须掌握的，而且把这些最终体现在行动上。只要有合理的方法和流程，就可以源源不断地培养出一批又一批的职业化销售人员。所以，从现在开始，请你注重你团队中人才的培养。当然，好的销售人员是慢慢培养起来的，这需要一个过程。

上述四个观念，实际上体现了人员管理的基本内涵。换句话说，企业如何选人、如何育人、如何用人，是人员管理的三个必不可少的环节，而这正是第二部分即将讨论的内容。

一、选人：人员管理的起点

企业选人即企业员工招聘，选人是进行人员管理的起点。员工招聘，是指组织根据人力资源管理规划和工作分析的要求，从组织内部和外部吸收人力资源的过程。现代企业员工招聘是为一定的工作岗位选拔出合格人才而进行的一系列活动，是把优秀、合格的人员引进企业，并安排在合适的岗位上工作的过程。新员工的素质直接影响着企业人力资源管理的效率和效果，因此企业员工招聘是现代企业人力资源管理的一项重要工作。

选人工作涉及的内容，如图 2 - 2 所示：

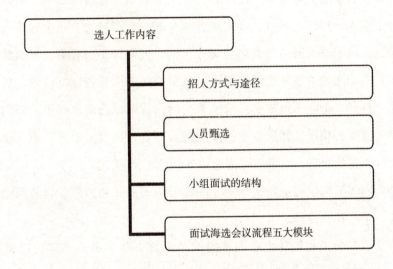

图 2 - 2　选人工作涉及的内容

1. 招人方式与途径

企业员工招聘的主要目的是吸引更多的人前来应聘，使企业有更大的人员选择余地。企业人力资源部能否为企业招聘、甄选与录用到高质量的合格员工，是关系整个企业员工队伍素质高低的关键。其中企业员工招聘的途径和方法将直接影响到所招收员工的素质与企业的经营效益，如果采用的方式科学，可以有效解决企业当前面临的"找人难，招人难"问题。

总的来说，企业员工招聘的途径和方法可以分为企业内部员工招聘和企业外部员工招聘两种方式，先来看企业内部员工招聘。

当企业某一岗位或职位发生空缺时，首先应考虑从现有员工中调剂解决，或是在企业内按照有关标准考核提拔。这种方法的优点是可以提供激励因素和培养员工的忠诚度，同时，通过内部员工招聘，企业比较容易对员工进行全面了解，所需要的培训较之外部人员少，能节约部分培训费用，省时、省力、省资金。并且，被提升的员工熟悉工作环境，可以迅速适应新的工作岗位，实现人与事的更好结合，比较有利于企业和员工自身的发展。但其缺点是不利于引入新思想，同时，大量从企业内部提升管理人员还会导致人际关系复杂，人际矛盾加剧，经营思想保守、墨守成规等不利后果，并由此产生不公正现象和庇护关系。通常情况下，如果企业内部管理制度有效，员工的工作作风良好，企业不想改变目前的状况时，就可以选用内部员工招聘的方式来招聘员工；相反，如果企业内部管理效率低，风气又不好，企业想要改变目前的不良状况时，就可以考虑选用外部员工招聘的方式。

企业内部员工招聘主要包括企业内部员工的提升和内部职位的调动，此外还有一个推荐的方式。

提升内部员工是填补企业内部空缺的最好办法，提升不仅可以将有管理才能的员工放在更合适的位置上，更重要的是对企业员工的工作积极性能产生激励作用。但是，企业内部员工的提升是否能真正起到激励员工努力工作的作用，还取决于企业内部提升工作是否做得完善。如果提升工作没有做好，不仅不能产生对员工的激励作用，反而会起反作用。有效的内部提升有赖于企业的内部技术规划和内部提升政策，也有赖于通过对员工提供教育和培训来帮助管理者确认并开发内部员工的晋升潜力。所以，企业人力资源管理者应掌握好企业内部员工提升的方法，克服主观片面性，真正做到任人唯贤。要使内部提升计划取得成功，必须做好以下几项工作，如表 2 - 1 所示。

表 2 - 1　内部提升计划工作重点

工作重点	实施细则
确定提升候选人	这是搞好提升工作的基础。考察一个员工是否具有提升资格，必须严格按照"才、职相称的原则"。通常包括以下四个方面：一是个人才能。考察提升候选人首先要考察他的知识面；其次要考察候选人分析问题的能力；最后还要考察提升候选人的管理能力。二是个人品德。即考察提升候选人是否达到德才兼备的标准。因为管理人员在其管理范围内起着模范带头作用，其行为举止、道德风范都时刻受到员工的注意和仿效。三是个人的工作表现。考察提升候选人的工作表现是对提升候选人原担任的职位、工作进行考核和评价。考察工作表现特别要注意候选人工作的努力程度。四是个人的工作年限。工作年限是指提升候选人在企业原职位上的工作时间即工作资历。资历之所以是考虑的条件，是因为任何工作经验的积累都需要一定的工作年限来做保障。工作资历一般是提升员工时要考虑的因素，但并不意味着提升必须论资排辈
测试提升候选人	在企业内部员工招聘时，必须对候选人进行一些测试，以考察他的管理能力，即测定其分析问题和解决问题的能力、决策能力、领导能力以及人际交往的能力等，以便于确定他是否真正具备晋升的潜力。提升候选人在个人才能、品德、工作表现和工作年限等方面各有优点，在测试中反映出不同的能力，为了避免片面性，必须使每一位提升候选人都具有综合可比性
确定提升人选	确定提升人选是在测试的基础上，利用测试得来的分数，将非量化的事实转化为可定量比较的事实，做到各尽所能，人尽其用

内部职位的调动是指企业将员工从原来的岗位调往同一层次的空缺岗位去工作。企业内部员工的提升与调动可以使所有人员都有一个平等竞争的机会，这对于挖掘企业员工的潜力，不断激发他们的工作兴趣和积极性，增强企业凝聚力，节约企业劳动力，促进企业的发展都有着重要的意义。当然，如果一家企业总是"闭关自守"，所有管理职位的选拔和岗位流动都是在企业内部循环往复地进行，其结果必然会使企业的经营理念保守单一，管理缺乏活力和创新，人际关系复杂，最后导致服务质量因缺乏横向比较和创新而下降。因此，在进行企业员工招聘工作时应适当兼顾企业内外来源平衡，把企业内部员工招聘和外部员工招聘这两条途径有机地结合起来。企业内部职位的调动通常由以下原因引起，如表 2 - 2 所示。

表2-2 企业内部职位调动的原因

原　因	内　容
企业组织结构调整的需要	由于经营环境的变化，企业需要对原先设置的部门进行调整与重新组合或设立新的部门，这种变化必然会涉及职位的调动问题
对员工培养的需要	为了增强员工的适应能力，企业通常会使用流动培训的方式来训练他们。另外，将要提升至管理层的人选，也会被安排在各部门间轮流实习，以便对企业各部门的运作有更清晰的认识，使其更胜任领导岗位的工作
员工对现任岗位不适应	某些员工通过培训入职后，其所掌握的技能仍与岗位工作要求不相适应，或是掌握的技能和知识远远超过其岗位要求，这时，管理者则应对其进行职位调动，为其选择一个合适的工作岗位，使"人在其位，位得其人"
调动员工的积极性	某些员工经过长期的同一岗位的工作，对原工作岗位失去兴趣，为了调动其工作积极性，需要重新安排该员工到他感兴趣的工作岗位上去
人际关系问题	如果员工在原工作部门产生了较严重的人际关系问题，不利于员工积极性的发挥，则应对这些员工进行调动，为其创造新的工作环境

　　员工推荐即通过员工推荐其亲戚朋友来应聘公司的职位，这种招聘方式最大的优点是企业和应聘者双方掌握的信息较为对称。介绍人会将应聘者真实的情况向企业介绍，节省了企业对应聘者进行真实性的考察，同时应聘者也可以通过介绍人了解企业各方面的内部情况，从而做出理性选择。但采用该渠道时也应注意一些负面影响：一些公司内部员工或中高层领导为了栽培个人在公司的势力，在公司重要岗位安排自己的亲信，形成小团体，这会影响公司正常的组织架构和运作。

　　再来看企业外部员工招聘。

　　企业外部员工招聘是管理者通过对企业人事资料的检索，查明和确认在职员工中确实无人能胜任和填补职位空缺时，而从社会中招聘企业员工和选择员工。企业外部员工招聘主要可以通过以下几个途径来进行，如表2-3所示。

表 2-3 企业外部员工招聘主要途径

途 径	实施细则
招聘会	一般由各种政府及人才介绍机构发起和组织，较为正规，同时，大部分招聘会具有特定的主题，比如"应届毕业生专场"、"研究生学历人才专场"或"IT类人才专场"等，通过这种毕业时间、学历层次、知识结构等的区分，企业可以很方便地选择适合的专场来设置招聘摊位进行招聘。招聘会一般为短期集中式，且举办地点一般为临时选定的体育馆或者大型的广场。对于这种招聘会，组织机构一般会先对入会应聘者进行资格审核，这种初步筛选，节省了企业大量的时间，方便企业对应聘者进行更加深入的考核。但是目标人群的细分方便了企业的同时，也带来一定的局限性，如果企业需要同时招聘几种人才，那么就要参加几场不同的招聘会，这在另一方面也提高了企业的招聘成本
人才市场	人才市场是长期分散式，同时地点也相对固定。因此对于一些需要进行长期招聘的职位，企业可以选择人才市场这种招聘渠道
猎头公司	是指一些专门为企业员工招聘高级人才或特殊人才的企业员工招聘机构。当企业需要雇用对基层有重大影响的高级专业人员或当企业需要多样化经营、开拓新的市场或与其他企业合资经营时，就会委托猎头公司代为其选择人才。猎头公司以其专业优势准确把握关键的职位所需要的工作能力、关键品质，科学评价应聘的人选，从而快捷、有效地完成企业员工招聘，而且被聘用的人员不需进一步的培训就可以马上上岗并发挥重大作用，为企业管理带来立竿见影的效果。但这种企业员工招聘方式所需费用较高
校园员工招聘	大中专院校和职业学校是企业员工招聘管理人员和专业技术人员的重要途径之一。学生通过三四年的系统学习，基本掌握了企业经营管理的基础知识，并初步具备了企业服务与管理的技能，具有专业知识较强、接受新事物能力快、个人素质较高等特点，并且学生在校期间也接受了一定时间的专业训练和专业实习，具有一定的实际工作经验，企业只需进行短时间的培训，就可以上岗工作，并能够很快适应工作需要。应届毕业生年轻、求知欲旺强、成才快，录用他们是保证企业员工队伍稳定和提高员工整体素质的有效途径
网络招聘	一般包括企业在网上发布招聘信息甚至进行简历筛选、笔试、面试。企业通常可以通过两种方式进行网络招聘，一是在企业自身网站上发布招聘信息，搭建招聘系统，二是与专业招聘网站合作，如中华英才网、前程无忧、智联招聘等，通过这些网站发布招聘信息，利用专业网站已有的系统进行招聘活动。网络招聘没有地域限制，受众人数大、覆盖面广，而且时效较长，可以在较短时间内获取大量应聘者信息，但是随之而来的是其中充斥着许多虚假信息和无用信息，因此网络招聘对简历筛选的要求比较高

途 径	实施细则
校园招聘	这是许多企业采用的一种招聘渠道，企业到学校张贴海报，举办宣讲会，吸引即将毕业的学生前来应聘，对于部分优秀的学生，可以由学校推荐，对于一些较为特殊的职位也可通过学校委托培养后，企业直接录用。通过校园招聘的学生可塑性较强，干劲充足。但是这些学生没有实际工作经验，需要进行一定的培训才能真正开始工作，且不少学生由于刚步入社会对自己定位还不清楚，工作的流动性也可能较大。校招时间应越早越好，6月时企业即可初步启动，9月开学即可到意向高校发布招聘消息。在条件允许的前提下，企业也可设立暑期实习生计划，补充校园招聘。该计划的好处：一是可以尽快了解毕业生信息，抢得先机；二是可减少公司实习成本，暑假实习生计划不同于公司的正式实习，给实习生提供锻炼的意义远大于正式实习，因此所花费的成本远小于正式实习；三是应征者较多，暑假对来年即将毕业的学生来说极为重要，是增加工作经验的最佳时期，因此大多数毕业生积极性较高。公司可利用赞助参与各高校举办的暑假实习生面试大赛机会，挑选优秀人才提前进入实习，一方面扩大公司影响力，另一方面提前介入人才市场，抢占先机
媒体招聘	在报纸杂志、电视和电台等媒体中刊登、播放招聘信息，其受众面广，收效快，过程简单，一般会收到较多的应聘资料，同时也对企业起了一定的宣传作用。通过这一渠道应聘的人员分布广泛，但高级人才很少采用这种求职方式，所以招聘公司中基层和技术职位的员工时比较适用。同时该渠道的效果同样会受到广告载体的影响力、覆盖面、时效性的影响

另外，在这里介绍两种院校合作方案：

一种是在院方学生接近实习期时提前直接和院方交流，签订学生实习协议。现在各院校对学生实习的问题也是很难处理，找不到好的方式，对于院方来说也希望能够解决学生的实习以及就业问题，为自己的院校增加影响力，从而带动院校的招生工作。有鉴于此，对外宣导的主要目的是本着解决院方实习的问题，扩大院方的知名度以及招生影响力。

另一种是和院校联合办学，和院方协商好将来学生实习就业问题，我们可以帮助解决，只要院方在学生快毕业的时候增加我们的培训课程，由我公司培训师进行培训上课。院方在招生的时候可以大力宣传这些企业，从而在真正意义上实现"包分配"。作为长期项目，公司可以实现利润收入的实现。这个方案能帮助院校实现真正意义上的包"分配"，可以扩大院校的影响力，可以探索一条就业之路，为培养实用、高效的人才做好储备，也必将成为人力资源领域的领航者。另外，双方可以共同举办媒体发布会，增加各自的社会影响力，且这种影响力是巨大的。

院校合作方案的实施需遵循以下步骤，如表2-4所示。

表2-4　院校合作方案的实施步骤

步 骤	实施细则
1	第一阶段，调研试点区院校学生实习、毕业时间以及各院校对就业问题的态度
2	第二阶段，对调查情况进行分析，确定何种合作方式，并列出计划推进表
3	第三阶段，谈判实施阶段，最终确定合作关系，签订合作协议
4	第四阶段，方案实施落实阶段，进行人员面试，确立培训地点、方式
5	第五阶段，进入培训阶段

院校合作方案的实施有如下要求，如表2-5所示。

表2-5　院校合作方案实施要求

要 求	实施细则
1	排除各阶段进度表，并确定项目责任人，发运营部和人力资源部备案监督
2	做好费用成本预算
3	做好人员面试、培训、实习安排
4	做好合作协议模板

总之，企业员工招聘与录用是企业人力资源管理的一项重要内容。企业应善于通过内、外员工的招收与录用，吸引并留住优秀的服务人员和管理人员，进而激发其工作积极性，并不断提高企业的整体服务质量和管理水平。

2. 人员甄选

相比其他国家，中国的员工一般都会有定期换工作的倾向，而销售人员离职是因为他们的职位与之前期待的有所不同，比如，他们不喜欢每天打电话，工作氛围过于紧张，需要花很长时间才有成绩，等等。其实这里面涉及员工招聘时的人员甄选问题。

针对人员甄选，这里总结了一份新的销售人员招聘流程，这样做的目的在于向各销售管理者、人力资源经理和招聘专员介绍怎样才是销售人员招聘的"最佳方式"。招聘流程策略包括两部分：一是提供给招聘人员招聘工具并鉴别可能会成功的候选人，二是降低销售人员流失率。所有的人力资源经理将会接受此流程培训，他们将全面理解此流程，包括面试评分系统、角色扮演的实施，以及笔试问题所需的答案。人力资源经理经过培训后，所有业务中的招聘专员也要进行同样的培训，以保证此流程的成功运用。

下面是一个新的销售人员招聘流程示意图，如图2-3所示。

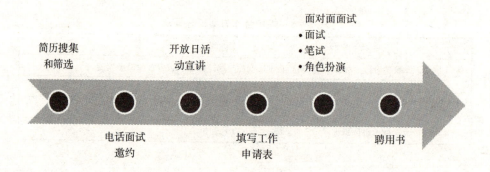

图2-3　销售人员招聘流程示意图

这个招聘流程旨在支持整体招聘流程策略的运作，对其中要项说明如表2-6所示。

表2-6 销售人员招聘流程实施要求

要 求	实施细则
简历筛选	招聘专员将学习怎样筛选简历保证候选人符合我们要求
电话预约	电话预约在于确保招聘专员向候选人列举公司所能提供的福利等主要信息，还包括一些具体问题来确定候选人是否可以参加下一步招聘流程
面试	有10道问题需要招聘专员提问（例如：请你自我介绍一下，谈谈你的家庭情况，你有什么业余爱好？你最崇拜谁？你的座右铭是什么？谈谈你的缺点，谈一谈你的一次失败经历，你为什么选择我们公司？对这项工作你有哪些可预见的困难？录用后你将怎样开展工作？），根据候选人作答会有对应的分数。这些问题可以帮助候选人了解以下信息：候选人是否正确理解销售人员这个职位，是否了解我们对他的期望，是否清楚自己要工作于紧张又有竞争力的环境，是否有正确的态度。招聘流程中设置的障碍在于确保我们选择的候选人不会因为他们期望及实际角色的落差而离职
角色扮演	简短的角色扮演在于使招聘专员观察候选人在电话中给人的印象如何，他们是否理解使用产品特性和功能进行销售
笔试	笔试在于使招聘专员了解候选人对以下信息的了解和掌握情况：计算机技巧；现场销售能力和基本的商务礼仪；一般常识、基本数学

需要说明的是，很多总公司的分公司其招聘需求不尽一致，特别是有些公司有大量职位需求时，邀请潜在后候选人参加小组面试将会非常有效，其他的可以进行一对一的面试。上述新的招聘流程阐述了这两种招聘方式以及对应的三项核心活动，以此鉴别最合适的候选人，包括面试、角色扮演和笔试。

3. 小组面试的结构

小组面试俗称"群面"，比较科学的说法叫作"无领导小组讨论"。它是评价中心技术中经常使用的一种测评技术，采用情景模拟的方式对考生进行集体面试。它由一组应试者组成一个临时工作小组，讨论给定的问题并做出决策，由于这个小组是临时拼凑的，并不指定谁是负责人，目的就在于考察应试者的表现，尤其是看谁会从中脱颖而出，成为自发的领导者。在无领导小组讨论中，或者不给应试者指定特别的角色（不定角色的无领导小组讨论），或者只是给每个应试者指定一个彼此平等的角色（定角色的无领导小组讨论），但这两种类型都不指定谁是领导，也并不指定每个应试者应该坐在哪个位置，而是让所有受测者自行安排，自行组织，评价者只是通过安排应试者的讨论题目，观察每个应试者的表现，给应试者的各个要素评分，从而对应试者的能力、素质水平做出判断。

许多公司为考察应聘者的领导能力、语言能力及合作能力等，将许多应聘者组织在一起就某个选题进行自由讨论，从中借以观察应聘者的综合素质及良好技能，从而决定是否最终聘用，这种应聘方法叫作小组面试法。

小组面试的结构，如表2-7所示。

表2-7 小组面试的结构

要 求	实施细则
1	邀请候选人在规定时间、日期到达公司
2	带小组所有成员到培训室，10分钟的时间简单介绍我公司业务、员工的福利等，然后让在场的销售人员用5分钟的时间阐述销售人员一天的工作内容，最后介绍一下接下来的面试流程及规则
3	调查一下他们是否乐意参加下一轮面试，确保候选人如果想在这时候离开的话不会很尴尬
4	希望参加面试的所有候选人可以进行下一轮面试
5	得分30分以下的候选人，感谢他们用宝贵的时间前来面试并告之他们没有通过此部分面试
6	得分30分以上的候选人可以参加下面角色扮演和笔试两轮面试。这些候选人没有优先之分，因此一部分候选人参加角色扮演的时候，其他人可以参加笔试
7	收集每个候选人的面试结果，将分数低于最低分要求的候选人带到单独办公室，并向他们说明很遗憾他们没有在这个环节被选中。招聘专员有非常精确的衡量标准，但是更在意保留候选人的个人信息并可能在以后跟他联系。招聘专员必须要对这些候选人表示感谢，感谢候选人参加此小组面试所用的时间。每个没有成功的候选人离开的时候，选择给他们一个很小的纪念品，比如年轻人会用到的钢笔、钥匙环或购物袋等

要　求	实施细则
8	小组讨论，讨论的时间长短因问题的实际情况而有所不同
9	对通过面试的候选人表示祝贺，并提供他们相关信息，比如薪资、年终奖等，并签订劳动合同，确认到岗时间

4. 面试海选会议流程五大模块

"海选"是中国农民在村民自治中创造的一种直接选举方式，即由选民直接提名、确定候选人进行选举，简单地说就是"村官直选"。海选不设门槛，人人有机会，谁都可以参加。"海"让人想到大海，无穷尽、量多的意思；更进一步想到人海；"选"则是选择，挑选，而"海选"顾名思义就是在茫茫人海中挑选符合特定条件的那个人。"海"还有"极多"和"漫无边际"的意思，表示在海选时不指定候选人，想选谁就可以提名选谁。也正因为如此，这种方式被引用于企业招聘活动中。

在企业招聘活动中，进入面试海选会议流程有五大模块：感受分享、个人爱好和梦想展示、主题辩论、案例分析、互动时间，如表2-8所示。

表2-8　面试海选会议流程五大模块

模块	含义
感受分享	其形式是，以座位顺序，轮流做"我的经历和感受"的分享，每人一般3分钟。考察标准是个人介绍、工作简历、工作感受，更重要的是看感受。考察员工的语言组织和表达能力、理解能力；同时考察他的人生价值观，工作作风、看看能不能与公司的价值观相吻合
个人爱好和梦想展示	其形式是，自主发言，向大家展示个人的爱好与梦想，每人一般3分钟。考察参加者自己的人生规划和发展目标

模块	含义
主题辩论	给出题目，由面试人员自由发挥自己的观念和观点。用来考察参加者的反应能力和理解能力。题目包括：请谈一下你的父母以及父母对你的影响或教导（考察感恩能力）；第一个月的工资如何分配（考察感恩能力以及计划性）？你觉得你以前工作过的公司怎么样（考察忠诚度并把握其离开的原因以及现在的需求）？狼群严格遵守先强后弱的分配原则，在食物面前，首先是最强壮的狼，即咬死猎物的狼先吃，其次是强壮的狼吃，最后才是身体瘦弱的狼吃。这样做对团队来说合理不合理？请谈谈你的观点
案例分析	案例分析或称模拟演练，其形式是针对特殊的案例，进行讨论并找出切实可行的方法。题目一定是和岗位相符合的，例如：作为销售部门经理，部门新招了5位不懂销售的大专应届毕业生，准备作为储备干部培养。可是在过去的两个月里，他们普遍工作热情不高、纪律散漫、责任心不强，还出现了不同程度和次数的错误。作为销售部门的负责人，你曾经和他们谈过这个问题，他们都承诺改进，但实效不大。面对这样的状况你如何改变这一现状呢？此题用来考察分析能力和自我解剖能力，以及事情处理能力
互动时间	形式是畅所欲言，诸如参加者想了解的公司或者其他的事情，总之是他自己想知道的事情。但不谈职位和薪水，这是应该注意的原则

应用上述五人模块，标志着海选的原则、方法、程序的理性和成熟。通过实施五大模块，使海选能够做到人人平等，人人都可以参加并展示自己的才华；极大地调动企业员工为企业出谋划策的积极性，民主法制意识得到锻炼，思想受到洗礼；有助于大批人才脱颖而出，造就一批高素质的员工队伍，从而加快企业的发展步伐。

二、育人：构建培训体系

一个好的销售业务人员每天用两个小时工作可能比一个新手用一周的时

间工作效率更高。如何提高营销团队的工作效率？这个问题一直困扰着企业领导人。很多企业整体销售水平相对较弱，人员素质偏低，对业务人员快速培训的实际需求更为明显。其实，育人是企业人员管理中不可或缺并应引起高度重视的重要环节，因此构建培训体系尤为重要。科学合理的培训体系可以将销售新人变为销售熟手！

这里总结了一套有效的销售团队培训体系，设计了从一个销售人员入公司，到成为一个合格的业务员，再到保持其销售的竞技水平，从而解决人的问题，如图2-4所示。

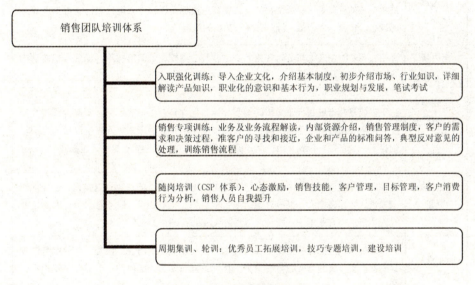

图2-4 销售团队培训体系

1. 入职强化训练

销售团队培训体系的第一个环节就是针对新来的销售人员所进行的入职强化训练，目的在于培养新业务员的团队意识，灌输公司的理念和文化。入职强化训练，一般由公司级的培训部门负责，理论封闭培训 14 天，可以压缩为 7 天。

针对销售队伍的入职强化训练，应当突出以下几个重点内容，如表 2 – 9 所示。

表 2 – 9　销售队伍入职强化训练工作重点内容

重点内容	实施细则
导入企业文化	企业文化对销售队伍的影响是不容忽视的，良好的企业文化在未来也应当是销售队伍文化的基础。在新员工入职培训的过程中，通过企业大事记、企业模范、企业典型事例、领导创业回顾等与企业文化塑造相关的主题培训，这能够很好地向新员工展示企业的价值观，灌输企业的文化精髓，使他们能再进入岗位之前就对企业倡导的理念、价值、未来愿景等，有一个初步的认识
介绍基本制度	介绍公司基本制度，如员工守则、基本薪酬、考核、组织结构等，也是入职培训的重要内容
初步介绍市场、行业知识，详细解读产品知识	这里仅仅是对市场和行业知识的初步介绍，尤其是对市场的展望必不可少，使大家先对未来要销售的行业和市场有一个初步的了解，并为未来进入岗位以后的专项培训打下一个基础。详细介绍产品知识，让员工掌握产品的卖点以便迅速提升
职业化的意识和基本行为	在入职强化培训的过程中，应当把做"职业化销售人"的思想意识强化，这样他们未来进入工作岗位后，很多思想诸如目标意识、竞争意识、服务意识等，因为已经在入职培训中有所阐述，届时，与他们沟通起来就比较容易
职业规划与发展	在针对销售队伍的入职强化培训过程中，引入职业规划与发展课程，目的就是激发这些新销售人员的进取心与凝聚力，让员工有归属感，给他们一个平台来实现自己的理想
笔试考试	通过笔试检查员工理论知识掌握，合格者上岗

2. 销售专项训练

销售专项训练是指在销售人员"放单飞"（即独立开展业务）之前应当

进行的，针对公司的产品、运营、客户、业务推广过程等内容所进行的，更加专注于公司、产品和销售过程的训练。专项训练对于任何销售队伍来讲都必不可少，并且至关重要，这个"培训环节"的实施质量直接影响到该业务员的初期业绩状况，也直接影响到该业务员能否坚持下来，平稳地度过试用期，如表2－10所示。

表2－10 "销售专项训练"中的关键训练点

训练点	实施细则
业务及业务流程解读	介绍工作职责和工作流程，让员工知道应该做什么，不应该做什么。详细介绍公司有哪些关键业务？各关键业务是怎么做的？部门之间是如何协作完成这些关键业务活动的？哪些事情必须请示？哪些事情可以自己做主？做主到什么程度？等等
内部资源介绍	详细介绍公司与业务相关的部门，包括部门的负责人和未来可能互相配合的员工，及各部门对业务活动能够所应当承担的职责，此举的目的是让销售人员明白，他可以在什么情况下，提请公司其他部门和资源的支持，以利于业务的拓展。关键流程和内部资源相辅相成，构成了公司对一个业务代表的静态支持体系
销售管理制度	要向业务代表明确说明，你在我们公司做销售，你承担什么样的责任？在什么情况下接受考核？考核的方式是什么？达到标准会怎么样？达不到标准会怎样？超过标准又会如何等，都要详细地告知销售人员，以明确对其的要求以及解除其后顾之忧。主要目的就是让员工对和自己相关的制度清清楚楚，从而明明白白工作，避免因为不知道公司的管理规定而不知道怎么做，比如这个表格该怎么填写，那个申请应该如何递交等；另外对薪酬构成模糊，自己又不好直接问，因为心里的疙瘩解不开，工作的时候就不踏实，导致负面情绪，进而影响工作；这些都应当是在销售管理制度里面详细培训的
客户的需求和决策过程	详细介绍公司的目标客户有哪些典型的需求？他们典型的决策过程是什么？由谁提出需求？哪一个最终拍板？哪个最终会使用该产品？等等，这些都是客户需求及决策过程里的内容，新业务只有对这些客户的基础信息了然于胸，才能在未来的实际工作中按部就班、有条不紊
准客户的寻找和接近	要跟这些新到岗的销售人员交流，如何寻找准客户，我们准客户的模型是什么？如何接近和预约客户，如何克服客户的面谈拒绝，如何利用各种资源和方法实现客户面访等，这些都是准客户接近中的重要内容

训练点	实施细则
企业和产品的标准问答	企业和产品的标准问答也就是销售标准话术。这一项培训实际上就是向销售人员宣讲关于公司及公司产品的知识。而要掌握公司知识和产品知识，就必须不断练习。例如，列出十几个甚至几十个题目，要求销售人员互相提问，从不断地问答中仔细体验，直到能够熟练地背下来。那么，在见客户时，如果客户问一些常见的问题，就都能很顺畅地去解答，从而增加打动客户的概率
典型反对意见的处理	产品销售的过程实际上就是处理客户异议的一个过程，所以销售都不可能一帆风顺，尤其是新业务一般跟客户都不熟悉，客户的反对意见就尤其多而且尖锐，此项培训就是通过归纳总结客户的常见反对意见，在家里先把如何处理这些反对意见练熟了，为未来与客户面谈打下基础
训练销售流程	训练销售流程也就是实战演练考核。就是让销售人员掌握整个销售流程，这是销售人员"放单飞"前的最后一项专项训练，也是销售人员能否"放单飞"的最后检验。这个时候，一般会模拟一个销售场景，由经理或老业务员扮演销售过程中的各种典型角色，让受训的销售人员"打通关"。销售经理通过辅助他来一次"打通关"，让他对整个销售工作能够融会贯通。如果他能达到相应的标准，就算通过了，另外也只有通过了最后一关，才能"放单飞"

3. 随岗培训（CSP 体系）

随岗培训是从销售人员的岗位技能要求和客户的购买过程出发，抽拣出的培训专题，其是以销售过程为基础的。这个"在销售过程中的教练"的方法，英文称为"COACH ON SELLING PROSESS"，故简称 CSP 体系。

随岗培训过程也是销售人员实践培训的过程，所以应该以销售过程中遇到的问题为基础，帮助他们解决问题，帮助他们成长。在这个过程中大体要关注以下几个方面，如表 2 – 11 所示。

表 2 - 11　随岗培训关键训练点

训练点	实施细则
心态激励	进行情绪管理，对销售人员心态进行调整，面对挫折，勇敢面对，增加心态激励，增强销售自信心，快乐销售
销售技能	针对销售过程中遇到的问题，进行专项的销售技能培训，解决销售人员的疑问，在实战中锻炼成长
客户管理	自己有哪些客户？如何管理你的客户？哪些是你的意向客户？哪些是你的潜在客户？只要很好地掌握了客户的管理，你才能更好地发掘客户的需求，最大限度地提升销售
目标管理	自己的销售目标如何达成？怎样分解销售目标？目标是工作的方向，是自己工作的航海灯，所有的工作必须围绕目标进行，这是必要的
客户消费行为分析	客户消费行为是客户在评估、获取、使用和处置产品和服务时所做出的决策过程以及由此而产生的有形活动。另外，掌握一些客户的消费行为和心理，有助于更好地开展销售工作
销售车理论	员工为什么要挑 100 斤？他挑 60 斤不是很舒服吗？其实，挑 60 斤只是在锻炼 60 分的能力，要想让员工有满分的心态，必须先从他内心的欲望开始。企业要做到的就是如何搭建一个员工想挑 100 斤或 200 斤的文化和机制。如何成为一名优秀的或者合格的销售人员？如何来提升自己？不妨通过一个形象的比喻（见图 2 - 4 及其说明）来诠释应该具备的条件，激励销售人员努力进取

　　下面的"打造优秀销售的摩托车理论示意图"和相关文字，是对表 2 - 11 中"销售车理论"的形象展示。

　　在图 2 - 5 中，前轮代表心态，包括使命必达，自我激励，坚韧踏实；发动机代表工作能力，包括沟通能力、销售能力、销售技巧；后轮代表基本知识，包括公司文化、产品知识、营销知识、市场知识等。

　　4. 周期集训、轮训

　　集训，是按一定目的、要求将分散的人员集中在一处训练。轮训，简单地说就是轮流培训，是对企业职工进行的旨在提高素质、增强能力、拓宽视

图 2 - 5   打造优秀销售的摩托车理论示意图

野等一系列有针对性定期或不定期的系统培训，通常分批次将所有目标人员培训一遍，以轮训形式组成的集体有时被称为轮训班或轮训队等。

所谓周期的集训、轮训，就是任何一个销售队伍周期性的，可能是一年或两年所应当进行的，封闭的、专项的培训过程。它是从整体团队的竞技状态出发，设计培训主题、规划培训内容，实际是给整体销售队伍培训一个相对定期的、充电的过程，如表 2 - 12 所示。

表 2 - 12   周期集训、轮训关键训练点

训练点	实施细则
优秀员工拓展培训	拓展培训是以体育技术为原理，充分整合各种资源，融入科技手段，运用独特的情景设计，通过创意独特的专业户外项目体验，帮助参与者改变态度及心智模式以期完善行为达到追求美好生活愿望的训练方式。它是一种全新的体验式学习方法和训练方式，适合于现代人和现代组织。大多以培养合作意识和进取精神为宗旨，帮助企业激发员工的潜力，增强团队活力、创造力和凝聚力，以达到提升团队生产力和竞争力的目的
技巧专题培训	销售技巧培训应该是一项系统工程，也是一个长期的解决方案。销售培训会是一个路径图，告诉销售人员，在什么时间应该具备哪些能力、掌握哪些知识，会有哪些解决方案提供给他，能够很清楚地告诉销售人员有机会走到哪一步

训练点	实施细则
团队建设培训	团队建设涉及企业管理的方方面面。一般的团队建设培训，会讲什么是团队，优秀团队的特征是什么，团队建设的几个要素是什么，团队建设分几个阶段，团队如何制定共同的目标，采取什么样的组织原则，团队的风格怎样确定，团队成员间的协作如何达成，如何做到人岗匹配，等等。由于团队建设内容多，所以，如果企业培训的时间短，就要具体了解客户在团队建设方面哪里是"瓶颈"问题，然后有侧重点地培训。如果企业氛围很差，培训要侧重企业文化、价值观、愿景和团队凝聚力方面；如果企业氛围好，制度流程需要完善，则建议培训侧重管理提升的工作，提升学员制度流程完善的能力，或请顾问公司，优化流程制度等；如果企业实现高绩效的最大问题点是管理层不得力，可以侧重管理层管理能力及综合管理素质的提升。这样看来，团队建设培训课程之前的调研，就显得更重要，目的是聚焦问题点

三、用人：合理用人需因人而异

如何用人、用好人是一门很值得研究的学问，是每一个领导者的必修课。既然想用好人，就应该以人的需求为出发点，并运用相应的用人策略来达到用人的登峰造极。

企业用人策略所涉及的内容有五个方面，如图 2-6 所示。

1. 人性特点与马斯洛层次需求理论

人是世间最复杂的高级动物。在长期的社会实践中，由于社会在不断发展，政治环境、经济环境、文化背景、出身家庭、所受的教育及世界观、人生观、价值观的形成等诸多因素，影响着人们心灵，很多因素已经在人们的心灵上打下了深深的烙印，形成人的鲜明的特点，在工作、生活中会表现出

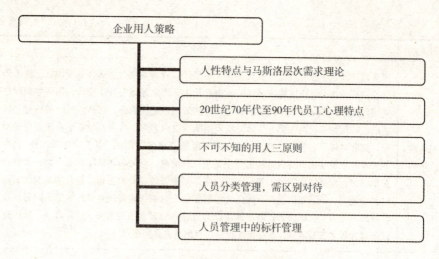

图2-6 企业用人策略所涉及的内容

不同的特征。

人性中有三大显著特点，即多样性、变化性和隐蔽性，如表2-13所示。

表2-13 人性中的三大显著特点

特 点	内 容
多样性	不同民族、不同国家、不同地区、不同经济状况的人本性表现也不一样。对鱼的观点不同，显示了人的本性特点。在一节车厢里，一个人抱着鱼缸进来。德国人问："这鱼是什么品种？在生物学上属哪一类别，什么习性？"德国人爱思考和研究。日本人问："能否引进我们日本？我们日本的气温、水质能不能生长。"日本国家资源贫乏，养成引进、开发应用资源的习惯。法国人问："把鱼卖给我吧，我养在客厅里观赏。"法国人爱艺术欣赏。中国人问："这个鱼是红烧好吃还是清蒸好吃？"中国人爱美食，世界有名。数年后，德国人出版了一部经典著作，研究了它的基因，建立起整套的相关学科；日本人建立起大型的养殖场，迅速占领了全球的销售市场；法国人建立起了大型的游乐观赏水族馆，吸引世界上的游客；而中国人研究了关于这种鱼的几十种烹调做法。所以，要掌握人的本性的多样性，就要研究人的出生、工作生活及家庭社会环境，采取多样化的管理方法，实施不同的管理策略，以求得更好的管理效果

特 点	内 容
变化性	在不同的时间、不同的地点、不同的数量和质量的情况下，人的本性表现不一样。数量、质量不同，本性表现就不同。有100元，你们两个人中只能给一个人，这时可能相互之间要谦让，如果是100万元，还谦让吗？如果是1000万元，还谦让吗？生命攸关时最容易暴露自私的本性。在金钱面前人的本性表现是不一样的，要根据具体情况具体分析，人性变化管理策略也要随之变化
隐蔽性	有的人失小而为了得大，失近期而为了长远，失局部而为了全局，人们都有投入产出意识，没有一个人想大投入少产出或不产出。商人的本性是不挣你一次的钱，而挣你一生的钱。商人做生意，薄利多销，提成回扣，热情服务，客户第一等，最终目的是赚取别人的钱。精明的商人目标远大，他知道一次暴利行为会使客户伤了心，就不会再消费你的产品；而通过薄利多销，优质服务，一生都在消费你的产品。有的人看起来很热情、很豪爽，有的人看起来很内向，其实这都是人的一种表现形式，不要被表面现象所迷惑，抛开现象看本质，记住一句话：其最终目的是什么？

人的本性具有多样性、变化性和隐蔽性，但有两种情况除外，一是亲情，二是高度信仰的人，可能不包括在内。在一次地震中，一位母亲和她不足1岁的孩子被埋在废墟下面。前几天，母亲靠用奶水维持着孩子的生命，在第六天时，没有了奶水，母亲咬破自己的手指，用自己的血来维持孩子的生命，在第八天的时候，营救人员找到她们，母亲已经死去，孩子还活着，这就是亲情的力量。很多高度信仰的人和亲情强烈的人，为了信仰，为了亲情可以牺牲一切。

总之，熟知了人的本性，知道了人的需要，知道了什么层次的人，什么时候会有什么层次的需要，去满足别人的需要，反过来就会满足自己的需要。

人性的假设是管理学的基础，如果不回答这个问题，管理学将失去基础，管理工作会变得盲目，管理效果也会大打折扣。在这方面，亚伯拉罕·马斯洛的层次需求理论对企业管理工作有很好的指导意义，它可以让我们看清别人在想什么，别人在做什么，同时也能帮助我们做出决策并进行应对。

亚伯拉罕·马斯洛是美国社会心理学家、人格理论家和比较心理学家，人本主义心理学的主要发起者和理论家，心理学第三势力的领导人。他把需求分成生理需求、安全需求、社会需求、尊重需求和自我实现需求五类，依次由较低层次到较高层次排列。如图2－7所示：

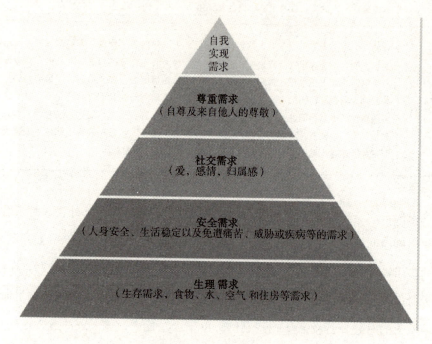

图2－7　亚伯拉罕·马斯洛需求理论示意图

根据亚伯拉罕·马斯洛的层次需求理论，要根据所在层次的需求来用人，并满足他在此阶段和此层次的需求，如表2－14所示。

表 2-14 亚伯拉罕·马斯洛需求理论

需 求	内 容
生理需求	这个层次的人最直接的需求就是解决当下的生存需求，解决自己的衣食住行问题。这一阶层的人主要关心的是薪水问题，对薪水的高低比较敏感，然而也是不稳定的最主要阶段。工作会有创新。这一阶层的人的心中渴望拥有一份工作来解决目前存在的问题（衣食住行），可能处于短期的需求或者将工作当作一个跳跃的踏板。典型的包括刚毕业的学生、曾经失业的人、经济拮据渴望工作的人。对这个层次的人的用人策略是：鼓励他们"一分耕耘一分收获"，多一份鼓励，少一份指责；帮助他们规划未来；给予关爱和赞美；改善劳动条件，并提高福利待遇
安全需求	这个层次的人工作时间比较长，也比较满足现在的现状，希望通过自己的努力得到公司领导对工作的认可，从而让自己的工作职位相对稳定。对这个层次的人的用人策略是：激发斗志，防止惰性出现；树立榜样和标杆；单独谈话，提出更高要求，施加压力
社会需求	这一阶段的人工作一直比较努力，希望通过自己的努力得到大家的认可和肯定，也希望得到别人的赞美和羡慕，对公司有很强的荣誉感，以公司为荣。用人策略是：委以重任，及时肯定对方和表扬对方
尊重需求	这个阶段的人在公司有一定的势力，工作比较出色，小有成就，比较热心帮助别人，同时渴望对方的尊重。用人策略是：公开奖励和表扬，如颁发荣誉奖章、在公司刊物发表文章表扬优秀员工；强调工作任务的艰巨性以及成功所需要的高超技巧
自我实现	这是一种最高层次的需求，包括针对真善美至高人生境界获得的需求，因此前面四项需求都能满足，最高层次的需求方能相继产生，是一种衍生性需求，如自我实现、发挥潜能等。用人策略是：设计工作时运用复杂情况的适应策略，给有特长的人委派特别任务，在设计工作和执行计划时为下级留有余地

　　了解员工的需要是应用层次需求理论来用人的一个重要前提。在不同企业、不同时期的员工以及企业中不同的员工的需要充满差异性，而且经常变化。因此，管理者应该经常性地用各种方式进行调研，弄清员工未得到满足的需要是什么，然后有针对性的科学用人。

2. 20 世纪 70 年代至 90 年代员工心理特点

人的心理特点是受时代影响的，企业中员工的心理特点也在不同时代表现出不同的特点。就目前情况来看，企业中的员工包括"70 后"、"80 后"和"90 后"，他们各自生活在不同时代，因而各自具有不同的时代特点。企业要正确用人，就必须了解他们的不同心理特点，并采取有针对性的用人策略，如表 2 – 15 所示。

表 2 – 15　20 世纪 70 年代至 90 年代员工心理特点

特　点	内　容	
"70 后"员工心理特点与用人策略	"70 后"员工对工作价值观各个维度的重视程度由大到小排列依次为：生活平衡、利他主义、尊重声望、自我发展、人际关系、工作回报。"70 后"毕业生比较重视工资待遇，对工作是否快乐轻松考虑得不太多。在工作之后，"70 后"往往想方设法稳定，实在不满意工作了，才会选择跳槽	面对"70 后"，其实已经基本上谈不上管理了，年龄和经验都摆在那里。如今，"70 后"一代大多都已经是公司的骨干和中高层，最不济也能是个资深员工。因此，"70 后"是讲究服从，能承担责任的一代，但时至今日，差不多已经轮不到管理者给他们交代责任了，他们会自己挑上工作重担，只要做好奖惩规则的执行就行了
"80 后"员工心理特点与用人策略	"80 后"员工对工作价值观各维度的重视程度排列为：自我发展、尊重声望、利他主义、人际关系、工作回报、生活平衡。"80 后"自己找工作的观念已经形成，进校后就有了择业方向，知道自己想要做什么，很多学生甚至到了大三大四的时候很少来上课，就已离开学校实习。除了明确择业方向，"80 后"在择业时开始重视工作是否愉悦。虽然政府机构和国有企业仍是"80 后"择业的主要选择方向，但民营企业也纳入了选择范围。此外，"80 后"对求变的想法更强，在工作的过程中随时可能跳槽、读研、出国深造	"80 后"现在已经成为企业基层的中坚力量，担负着从研发到销售，再到行政的大量一线工作。由于成长的特点，"80 后"往往不能接受太多批评的声音，因此，对待他们，最好是以赞扬和鼓励为主，效果会远远好于你整天拿根鞭子在后面追赶

续表

特 点	内 容	
"90 后"员工心理特点与用人策略	"90 后"员工个性意识较强、有较多的新潮理念；他们张扬个性、喜欢创造。以自我为中心，心理承受能力偏差等	"90 后"员工强烈的个性意识使得他们看重自己在工作当中的价值，自己的受赏识和被重视的程度，企业就给他们更多的机会参与企业的管理，给他们更多的空间施展才能。同时给更多的机会了解企业，以及他们在其中发挥的作用，让他们感受到自己的价值。针对以自我为中心，心理承受能力偏差，企业有专设部门，要常常关怀他们，有时还要开一些心理方面的课程，必要时进行心理辅导。改变薪酬体系，加大可变薪酬占薪酬总额的比重。完善培训机制，有针对性地进行培训

时代是往前走的，研究怎么对待"70 后"、"80 后"、"90 后"，试图改变他们是没有用的，不如改变以往的管理方式，顺应他们的性格特征来进行包容式的引导，改变自己永远要比改变他人容易！

3. 不可不知的用人三原则

在 GE（通用电气公司）披露的一封致公司股东、客户与员工的信中，杰克·韦尔奇向股东、客户与员工阐明了 GE 成功的秘诀。这个秘诀其实就是 GE 的用人理论。

杰克·韦尔奇指出："我们都把人分成三类，A 类是前面最好的20%，B 类是中间业绩良好的70%，C 类是最后面的10%。"在 GE，最好的20%必须在精神和物质上受到爱惜、培养和奖赏，因为他们是创造奇迹的人。同时，一定热爱他们，拥抱他们，亲吻他们，不要失去他们！失去 A 类员工是领导的失误，凡是造成 A 类人才流失的都要做事后检讨，并一定要找出这些损失的管理责任。

杰克·韦尔奇还指出："GE 的领导者必须懂得，他们一定要鼓舞、激励并奖赏最好的20%，还要给业绩良好的70%打气加油，让他们提高进步，并设法让他们进入20%的行列；不仅如此，GE的领导者还必须下定决心，永远以人道的方式，换掉那最后10%的人，并且每年都要这样做。只有如此，真正的精英才会产生，才会兴盛。"

通过这个"A、B、C"的理论，我们可以很清楚地看到GE的用人思想与人才价值观，在这样的人才理念的感召下，每一个GE的员工都在思考自己在公司中的定位并从中获取与自身价值相符的发展机会。GE的用人理论对所有企业在如何用人方面都有指导意义。

中国企业的用人是一个很值得研究的问题。企业要想发展，肯定要引进人才，如果一个企业不懂得合理用人的话，那么这个企业将会面临很大的问题。现在企业都是以人为本的管理原则，企业用人也有自己的原则。总结起来，有三个原则对中国企业是通用的：一是用人所长；二是善用人短，贵在组合；三是用人不疑，疑人不用，如表2-16所示。

表2-16 用人三原则

原 则	内 容
用人所长	所谓"用人所长"，就是在工作中要尽量发挥员工的工作特长。企业用人要充分利用员工的长处为企业发展出力，这样一来员工肯定会加倍努力工作，同时也体现了领导者的宽厚仁慈之心。用人之长表现为一种挑战，要求企业的管理者和员工个人在工作中都要不断地付出两方面的努力。一方面，在用人过程中，管理者要充分发挥员工的专长，并根据有关变化及时调整，动态地实现人的专长能力与工作任务的合理匹配；另一方面，管理者要宽厚待人。管理者的心胸有多大事情就能做多大。善于宽厚待人的企业领导会不断把企业带到一个个崭新的高度。一定要记住我们是在用人之长，而不是用人之短，人无完人，谁都不可避免地会犯些错误，这时候就需要管理者来宽厚地处理

原　则	内　容
善用人短，贵在组合	善于用人之长，很多管理者能够做到，但善于用人之短，则既需要勇气又需要智慧。完美的理想人才是不存在的，用人的关键是包容、组合和互补，既会用人所长，又会用人所短。清代杨时斋将军让聋子当勤务员，让哑巴送密信，让瘸子守炮台，让瞎子伏阵前的故事，就说明了巧用人短、贵在组合的问题。高明的用人之道，总是遵循"贤者居上，能者居中，庸者居下，智者居侧"的原则，让各色人等互补共赢。诸如，让爱吹毛求疵的人去当质检员，让争强好胜的人去抓生产和开拓市场，让谨小慎微的人去管安全，让好出风头的人去搞公关，让斤斤计较的人去管仓库和抓考勤等。总之，是个猴子给它一棵树让它抱着，是条龙给它一条江河让它折腾，是个好汉给他一个山头让他拿下来，是个智者给他一些问题让他思考。如果能这样，则团队中人人都是"千里马"
用人不疑，疑人不用	所谓"用人不疑，疑人不用"，意思是说，既然已经任用他人，就应当充分信任；有怀疑信不过的人，就不要用。这是一种较为合理的人才使用观，也是中国传统的信任方式，用在企业管理上那就是要放手让下属去大胆尝试，不要什么都管。经营最高原则是"管理得少"就是"管理得好"，这是管理的辩证法，也是管理的一种最理想境界，更是一种依托企业谋略、企业文化而建立的经营管理平台。用人不疑是建立在对所用之人的比较了解的基础之上，否则不疑就可能成为"妄谈"。所谓"不疑"就是信任。企业管理者要对根据德才标准考核提拔上来的干部充分信任，大胆放手地让他们工作，让他们独当一面，充分发挥他们的聪明才智并对他们职权范围内的事，让他们独立负责，不包办代替，不干预牵制，不当"婆婆"包揽一切。这样既可提高他们的自信心，又可激发他们的责任感，又有利于上下级关系的融洽。做好了疑人不用，就要敢于用人不疑，才能充分发挥人才的最大主观能动性和成就

4. 人员分类管理，需区别对待

杰克·韦尔奇说："区别对待是我进行管理的基本原则，成功的团队来自区别对待。奖赏那些最好的人才，同时剔除那些效率低下的员工。严格执行区别对待确实可以产生出真正的明星——这些明星可以创建伟大的事业。"

企业里通常有三类人，第一类是"人财"，占10%～20%，按照"二八原理"，这20%的人在为企业创造着80%的财富，他们的产出远远大于对他们的投入，他们是企业的宝贵而稀缺的资源，一定要善用、重用、用好，想尽一切办法防止流失。这部分人的流失不仅直接影响你的经营活动，而且还会塑造和帮助你的竞争对手。因此，管理者在忙于经营和市场竞争的同时，不能忘记人才这项最大也是最根本的竞争。第二类是"人在"，占 70% ~ 80%，他们的产出基本等于或稍大于对他们的投入，对这部分人要在态度、知识、技能、习惯、文化认同等方面加强培训、培养和提高，尽快尽量地让他们转化提升为"人财"。第三类是"人灾"，占 5% ~ 10%，这一类人是企业的祸害和垃圾，他们的产出小于对他们的投入，甚至还会造成直接或间接的负产出，要建立淘汰机制，进行无情和有情的清理。总之，对"人财"要保护，对"人在"要转化，对"人灾"要清理。只有区别对待，分类管理，才能保持团队的活性和活力，营造干事创业的积极氛围。

事实上，企业做好"人"的工作，不光要有爱才之心、识才之眼、聚才之力，关键还要有励才之术。《史记》中记载汉文帝的话说："夫牧民而导之善者，吏也。"也就是说，善导百姓是官员的职责。"善导"需要的就是励才之术。励才之术强调的是激励，即激发与鼓励，具体来讲就是激发人的工作动机，挖掘人的身心潜能，鼓励人的工作干劲。所谓"矢不激不远，刀不磨不利，人不激不奋"。有无激励大不一样。因此，企业若能在内部建立一套科学完整的高效激励机制，对企业员工是非常重要的。

人的积极性运动机制的复杂性、影响因素的众多性和交叉性，决定了激励必须采取"综合治理"的方式。如果只抓一方面而不顾及其他，就容易产生相互抵消的情况。这就要求管理者在运用激励手段时，既抓物质，也抓精神；既抓内激励，也抓外激励，特别要抓好内激励；既抓组织内的因素，也抓组织外的因素，处理好组织内部条件和外部环境的关系。因此，有效激励重在整合。根据调研，如果没有激励整合，一个人的能力发挥不过 20% ~ 30%，如果施以整合激励，一个人的能力则可以发挥到 80% ~ 90%。

所谓高效激励机制，即愿景激励＋机制激励＋过程激励＝高效激励。这是一个三位一体的激励整合体系，如图2－8所示。

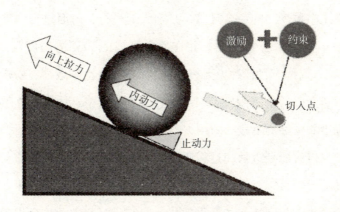

图2－8 高效激励机制三位一体示意图

这个图示表明：管理者面临的难题就是，不能让这个球往下滑，要让这个球向斜坡的上方滚动，而且越快越好。球为什么往下滑，因为有地心引力，人为什么往下滑，因为人有惰性。每个人都有惰性，没有激励他就要往下滑。但是，虽然人人都有惰性，却只有极少数的人甘心做一个无所事事的懒人。每一个正常人都想成功，不想懒惰，他之所以懒惰是管理者不能调动他的积极性，没有能力把他的积极性调动出来。世界上没有一个正常人是不能被激励的，当员工懒惰时，责任是组织问题和机制问题。

从图2－8可看出，球在斜坡上怎样才能向上运动得最快呢？简单力学原理的解释，牵引力、个人驱动力和推动力三种力合一时是最快的。当三种力方向趋同的时候，员工跑得最快。牵引力是什么呢？牵引力就是愿景激励。这是高效激励的发动系统：企业了解员工志趣，帮助其立志，在厘清个人愿景的基础上，树立共同愿景。确立共同愿景后，就要通过各种方式不断强化愿景，如座右铭、团队呐喊等方式时时强化，使之深入人心，融入灵魂。实施愿景激励，能使员工真正体验工作的价值，感受到为了企业愿景奋斗的快乐，如此便可实现快乐工作，大大激发员工潜能。

过程激励是高效激励的支持系统，可以为员工提供推动力。过程激励是高效激励系统中最烦琐的一个环节，必须天天进行，时时进行。首先是目标激励，如最早由松下公司发明，并在海尔推广的"日清制度"，帮助员工"月月有目标，周周有目标，天天有目标"。其次是竞争激励、榜样激励、授权激励、沟通激励、情感激励等，点头、微笑、赞美、认可、尊重、关爱都是过程激励中非常好的手段。

但是，仅仅有愿景激励和过程激励还不够，还要有机制激励。机制激励是高效激励的保障系统，可以为员工提供驱动力。企业一定要建立规范的奖惩制度和程序才能起到最大的激励效果；同时，配合激励整合机制，还必须建立一个科学的评估标准。事实上，那种偏重经济数字绩效的评估标准，与客户服务并没有直接关联，在这样的标准下，员工就会尽力完成数量指标，而忽略其他的诸如行为绩效的指标，这样就会影响服务质量，最终导致客户流失。因此，激励效果评估不仅要关注业务绩效指标，更要注重关键行为绩效指标。由于行为绩效指标难以量化，评估的复杂程度较高，比较科学的办法是采用360度综合考核，这样才能得到比较客观的效果。

5. 人员管理中的标杆管理

标杆管理又称"基准管理"，由美国施乐公司于1979年首创，西方管理学界将其与企业再造、战略联盟一起并称为20世纪90年代的三大管理方法。标杆管理是企业将自己的产品、服务、生产流程、管理模式等同行业内或行业外的领袖企业做比较，借鉴、学习他人的先进来改善自身不足，从而提高竞争力，这是追赶或超越标杆企业的一种经验性循环的管理方法。标杆管理的本质是不断寻找最佳实践，以此为基准不断地"测量分析与持续改进"。

作为企业管理一种有效的管理方法，标杆管理在人员管理中具有重要作用。

标杆管理是实现管理创新并获得竞争优势的最佳工具，它有一个标杆环，由立标、对标、达标、创标四个环节构成，如表 2-17 所示。

表 2-17　标杆管理的构成

构 成	内 容
立标	立标有两重含义，其一是选择业内外最佳的实践方法，以此作为基准、学习对象。其二是在企业内部培养、塑造最佳学习样板，可以是具体方法、某个流程、某个管理模式，甚至是某个先进个人，成为企业内部其他部门或个人的榜样，即试点工作
对标	对照标杆测量分析，发现自身的短板、寻找差距，并分析与尝试自身的改进方法，探索达到或超越标杆水平的方法与途径
达标	改进落实，在实践中达到标杆水平或实现改进成效
创标	运用标杆四法创新并实施知识沉淀，形成超越最初选定的标杆对象，形成新的、更先进的实践方法，进入标杆环，直至成为行业标杆

上述四个环节前后衔接，形成持续改进、围绕"创建规则"和"标准本身"的不断超越、螺旋上升的良性循环。

在人员管理实践中实施"抓两头带中间"的标杆管理，就是用"前头"和"后头"来带动"中间"。前头是示范标杆和带头作用，后头是落后对象的转化，中间层向前靠。"抓两头带中间"是行之有效的方法。正如《毛泽东文集》第七卷中所说："任何一种情况都有两头，即使有先进和落后，中间的状态又总是占多数。抓住两头就把中间带动起来了。这是一个辩证的方法，抓两头，抓先进和落后，就是抓住了两个对立面。"

准确把握"两头"（下图中的 A 和 C），要么是一项具体工作、重点工作或一个具体工作单位、重点工作单位，要么是某项工作或某项工作的责任人或当事者。通过"两头"的典型示范作用，来带动、影响和激发"中间"（图 2-9 中的 B），如图 2-9 所示。

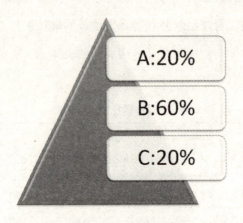

图2-9 杠杆管理示意图

那么，究竟怎样实施标杆管理呢？标杆管理工作包括以下六个主要步骤：明确目标；确立指标维度，建立指标体系；选择对标对象；与对标对象进行比较分析，确立各维度指标的目标值；学习好的做法，实施改进；评价与提高。

明确目标是标杆管理工作的逻辑起点，要求统一思想，成立相关组织机构，制订工作计划，如表2-18所示。

表2-18 明确目标的主要工作

事 项	内 容
明确目的	统一思想；明确开展标杆管理工作的意义；成立标杆管理相关组织机构；制订工作计划
负责者	负责者包括：标杆管理牵头单位；标杆管理工作相关单位
方法与工具	组织宣传；相关部门动员；标杆管理培训

事 项	内 容
最终结果	企业各级人员理解标杆管理的重要性和基本知识；标杆管理工作直接参与人员理解标杆管理的操作思路，掌握标杆管理的相关工具；成立标杆管理领导小组、标杆管理办公室、标杆管理工作小组；企业现状分析报告；标杆管理工作计划

建立标杆管理指标体系是借以反映企业的关键控制环节，用于衡量企业与对标对象的差距，明确企业需要改进的方向，如表 2 - 19 所示。

表 2 - 19　标杆管理指标体系工作内容

事 项	内 容
明确目的	建立指标体系
负责者	负责者包括：标杆管理办公室；标杆管理工作小组；指标归口管理单位
方法与工具	调研；访谈；外部专家；相关管理工具
最终结果	标杆管理指标体系

对标对象是企业定点学习和超越的标杆，对标对象的选择既要切合企业实际，又要考虑对标对象资料数据获取的可能性和获取成本，如表 2 - 20 所示。

表 2 - 20　对标对象工作内容

事 项	内 容
明确目的	确定对标对象
负责者	负责者包括：标杆管理办公室；指标归口管理部门；标杆管理工作小组
方法与工具	收集企业内、外部资料；分解法；访谈法；考察参观
最终结果	数据收集分析的统一表格和模板；建立对标指标数据库和最佳实践案例库；确定对标对象

对标分析是企业及各所属单位应对选定的标杆对象进行科学、认真的分

析，以掌握标杆对象的最佳实践，如表 2 – 21 所示。

表 2 – 21 对标分析工作内容

事　项	内　容
明确目的	确定标杆指标值；找到差距产生的原因
负责者	负责者包括：标杆管理办公室；指标归口管理部门；标杆管理工作小组
方法与工具	研讨会；关键流程分析
最终结果	确定标杆指标值；差异分析报告；完善对标指标数据库和最佳实践案例库

学习与改进是企业各指标归口管理部门和各所属单位通过对标分析，明晰与标杆对象间的差距后，组织相关人员拟定改进方案，制订实施计划，实施绩效改进，如表 2 – 22 所示。

表 2 – 22 学习与改进工作内容

事　项	内　容
明确目的	学习先进的管理方法，改进企业绩效
负责者	负责者包括：标杆管理办公室；指标归口管理部门；标杆管理工作小组
方法与工具	研讨会；外部顾问参与
最终结果	标杆管理改进方案；标杆管理改进计划；标杆管理改进的成果报告完善最佳实践案例库

标杆管理是一项基础管理工作，必须及时评价，持续改进，如表 2 – 23 所示。

表 2 – 23 持续改进工作内容

事　项	内　容
明确目的	评价工作成果；持续改进
负责者	负责者包括：标杆管理办公室；指标归口管理部门；标杆管理工作小组

续表

事　项	内　容
方法与工具	指标评价；管理评价；标杆管理年度工作会；典型经验交流会
最终结果	形成评价报告；完善最佳实践案例库；完善和更新指标体系；根据企业发展情况寻找新的对标对象

　　标杆管理的贯彻落实是一个需要长期努力的渐进过程，不能指望在短期内就达到明显的效果。而且即使企业已经跻身于世界一流企业之列，你也需要不断地进行标杆管理才能成为强中之强，超越自我，并保持优势地位。

【心得体会】

_____

_____

_____

_____

【行动计划】

_____

_____

_____

_____

第三部分 法——通路管理

导读

这里所谓的"法",指的是产品、价格、传播、渠道、促销五个方面,它们是产品通路管理所涉及的内容,如图3-1所示。

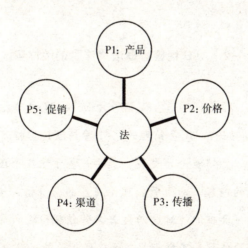

图3-1 ABC销售管理法中"法"的五大要素

在企业营销管理实践中,通路管理的结果,将直接影响到人员管理及目标管理的管理策略制定和最终效果,可见通路管理的重要地位和作用。事实上，通路管理所涉及的产品、价格、传播、渠道、促销等各个方面，必须要在相应的理论支持下进行适时、有效的操作，才能取得理想的销售业绩，如图3-2所示。

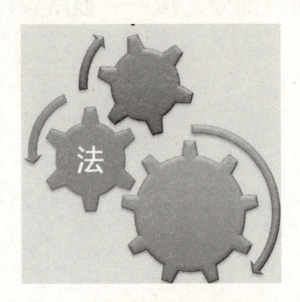

图3-2 ABC销售管理法"法"的地位与作用

在产品、价格、传播、渠道、促销等方面，主流的四大著名营销理论4P营销理论、4C营销理论、4R营销理论、4I营销理论恰恰可以作为通路管理的理论与实践支持。营销理论的发展，主要是基于这4个理论展开的，因为不同的阶段有不同的内容。四大营销理论在产品、价格、传播、渠道、促销等方面各有侧重，下面我们就对这四大著名营销理论进行简单介绍，从中可以学习到相关的理论体系和实操指导。而这也正是第三部分将要阐释的内容。

4P营销理论产生于20世纪60年代的美国，是随着营销组合理论的提出而出现的。1953年，尼尔·博登在美国市场营销学会的就职演说中创造了"Marketing Mix"（市场营销组合）这一术语，其意是指市场需求或多或少地在某种程度上受到所谓"营销变量"或"营销要素"的影响。1967 年，菲利普·科特勒在其畅销书《营销管理：分析、规划与控制》第一版中进一步确认了以 4P 为核心的营销组合方法。

4P 营销理论被归结为 4 个基本策略的组合，即产品（Product）、价格（Price）、渠道（Place）、宣传（Promotion），由于这 4 个词的英文字头都是"P"，所以简称为"4P"（也有的称为"4PS"，因为可以再加上"Strategy"即策略一词）。

产品。要注重开发的功能，要求产品有独特的卖点，把产品的功能诉求放在第一位。产品策略。主要是指企业以向目标市场提供各种适合消费者需求的有形和无形产品的方式来实现其营销目标。其中包括对同产品有关的品种、规格、式样、质量、包装、特色、商标、品牌以及各种服务措施等可控因素的组合和运用。在应用中要考虑的是，产品性能如何？产品有哪些特点？产品的外观与包装如何？产品的服务与保证如何？

价格。根据不同的市场定位，制定不同的价格策略，产品的定价依据是企业的品牌战略，注重品牌的含金量。定价策略，主要是指企业以按照市场规律制定价格和变动价格等方式来实现其营销目标，其中包括对同定价有关的基本价格、折扣价格、津贴、付款期限、商业信用以及各种定价方法和定价技巧等可控因素的组合和运用。在应用中要考虑的是，企业的合理利润以及顾客可以接受的价格是否得到考虑？定价是否符合公司的竞争策略？

渠道。指出企业并不直接面对消费者，而是应该注重经销商的培育和销售网络的建立，企业与消费者的联系是通过分销商来进行的。渠道策略，主要是指企业以合理地选择分销渠道和组织商品实体流通的方式来实现其营销目标，其中包括对同分销有关的渠道覆盖面、商品流转环节、中间商、网点设置以及储运等可控因素的组合和运用。在应用中要考虑的是，如何通过广告、公关、推广和推销等手段将产品信息传递给消费者以促成消费行为的达成？

　　宣传。很多人将其（Promotion）理解为"促销"，其实应当是包括品牌宣传（广告）、公关、促销等一系列的营销行为。宣传策略，指企业以利用各种信息传播手段刺激消费者购买欲望，促进产品销售的方式来实现其营销目标。其中包括对同促销有关的广告、人员推销、营业推广，公共关系等可控因素的组合和运用。在应用中要考虑的是，产品通过什么渠道销售？如何将产品顺利送到消费者的手中。

　　4P营销理论实际上是从管理决策的角度来研究市场营销问题。从管理决策的角度看，影响企业市场营销活动的各种因素（变数）可以分为两大类：一类是企业不可控因素，即营销者本身不可控制的市场；营销环境，包括微观环境和宏观环境；另一类是可控因素，即营销者自己可以控制的产品、商标、品牌、价格、广告、渠道等。

　　4C营销理论是美国学者罗伯特·劳朋特于1990年提出的，该理论以消费者需求为导向，瞄准消费者的需求和期望。4C营销理论重新设定了市场营销组合的4个基本要素：Customer（顾客）、Cost（成本）、Convenience（便利）和Communication（沟通）。

　　顾客，主要指顾客的需求。企业必须首先了解和研究顾客，根据顾客的需求来提供产品。同时，企业提供的不仅仅是产品和服务，更重要的是由此产生的客户价值。在与顾客建立关系方面，针对顾客的个性化期望和需求，企业应该与顾客亲密接触，关注顾客的潜在需求和实际需求，逐个地诱导出顾客的特殊需求，然后进行顾客需求分析，包括对产品个性化需求、服务个性化需求、价格的要求进行分析。最后，拟订满足顾客需求的方案以满足这些需求。而不是从企业自身的角度出发，生产出顾客不满意的产品和服务。企业应该改变原有的单纯与顾客交易的经营理念，来自顾客的定制需求不仅仅意味着订单，而且是重要的市场信息。根据这些需求，改进原有的产品系列，开发更适合顾客需求和市场的新产品，以更快的速度相应响应需求的变化。

成本，不单是企业的生产成本，或者说4P中的Price（价格），它还包括顾客的购买成本，同时也意味着产品定价的理想情况，应该是既低于顾客的心理价格，也能够让企业有所盈利。此外，这中间的顾客购买成本不仅包括其货币支出，还包括其为此耗费的时间、体力和精力消耗，以及购买风险。在与顾客建立关系方面，在了解顾客的期望费用的基础上，企业着手设计开发产品和制定价格。而不是先开发设计出产品之后，根据成本和价值制定价格。传统的基于成本和公平性的定价策略不再适用于大规模定制环境。大规模定制企业的定制策略应该基于顾客价值评估，针对不同的场合定制价格。

便利，即所谓为顾客提供最大的购物和使用便利。4C营销理论强调企业在制定分销策略时，要更多地考虑顾客的方便，而不是企业自己的方便。要通过好的售前、售中和售后服务来让顾客在购物的同时，也享受到了便利。便利是客户价值不可或缺的一部分。在与顾客建立关系方面，企业要从顾客购买的方便性出发，建立方便顾客购买的大规模定制营销渠道。大规模定制是多样化和个性化产品满足顾客多样化需求的极限，把个性化产品准确、低成本、快速地按照顾客的要求送到顾客手中是一件非常困难的事情。在顾客定制阶段，为了帮助顾客熟悉定制的流程，制造商需要建立一个面向最终顾客的个性化定制平台。目前，世界上知名企业都建立了自己的网站与顾客进行零距离交流。企业还可以建立面广量大的营销网点来提高顾客购买的方便性。

沟通，被用以取代4P中对应的Promotion（宣传）。4C营销理论认为，企业应通过同顾客进行积极有效的双向沟通，建立基于共同利益的新型企业与顾客的关系。这不再是企业单向地促销和劝导顾客，而是在双方的沟通中找到能同时实现各自目标的途径。在与顾客建立关系方面，要从积极与顾客沟通的角度出发，加强与顾客信息和情感上的交流。这是企业保持老顾客和开拓新顾客的有效手段。一是整合顾客进入企业设计生产领域。要建立企业与顾客交流学习的机制，以获取顾客信息，清晰定义顾客需求，并将顾客的个性化需求和期望转变为具体的产品和特定的服务。顾客参与进入曾经被认为是属于企业活动的领域，其结果是形成一种合作系统，顾客和制造商之间相互交流、协作，达到共同增加价值的目的。二是与顾客建立学习型关系。学习型关系的建立需要较高的成本，企业只能与最有价值的那部分顾客建立学习型关系。

4R营销理论是由享誉世界的"整合营销传播之父"、美国学者唐·舒尔茨在4C营销理论的基础上提出的新营销理论。该营销理论认为，随着市场的发展，企业需要从更高层次上以更有效的方式在企业与顾客之间建立起有别于传统的新型的主动性关系。4R理论的营销四要素：Relevance（关联）、Reaction（反应）、Relationship（关系）和Reward（回报）。

关联，即认为企业与顾客是一个命运共同体。建立并发展与顾客之间的长期关系是企业经营的核心理念和最重要的内容。操作要点是：企业必须通过某些有效的方式在业务、需求等方面与顾客建立关联，并形成一种互助、互求、互需的关系，同时把顾客与企业联系在一起，从而减少顾客的流失，以此来提高顾客的忠诚度，赢得长期而稳定的市场。

反应，即在相互影响的市场中，对经营者来说最现实的问题不在于如何控制、制订和实施计划，而在于如何站在顾客的角度及时地倾听和测定商业模式转移成为高度回应需求的商业模式。操作要点是：多数公司倾向于说给顾客听，却往往忽略了倾听的重要性。在相互渗透、相互影响的市场中，对企业来说最现实的问题不在于如何制订计划、实施计划和控制计划，而在于如何及时地倾听顾客的希望、渴望和需求，并及时做出反应来满足顾客的需求。这样才有利于市场的发展。

关系，即在企业与客户的关系发生了本质性变化的市场环境中，抢占市场的关键已转变为与顾客建立长期而稳固的关系。与此相适应产生了五个转向：从一次性交易转向强调建立长期友好合作关系；从着眼于短期利益转向重视长期利益；从顾客被动适应企业单一销售转向顾客主动参与到生产过程中来；从相互的利益冲突转向共同的和谐发展；从管理营销组合转向管理企业与顾客的互动关系。操作要点是：4R 营销理论认为，如今抢占市场的关键已转变为与顾客建立长期而稳固的关系，把交易转变成一种责任，建立起和顾客的互动关系。而沟通是建立这种互动关系的重要手段。

回报，强调的是交易与合作关系中的经济利益问题。因此，一定的合理回报既是正确处理营销活动中各种矛盾的出发点，也是营销的落脚点。操作要点是：由于营销目标必须注重产出，注重企业在营销活动中的回报，所以企业要满足客户需求，为客户提供价值，不能做无用的事情。一方面，回报是维持市场关系的必要条件；另一方面，追求回报是营销发展的动力，营销的最终价值在于其是否能给企业带来短期或长期的收入能力。

4I 营销理论也称为"网络整合营销 4I 原则"。"整合营销"理论产生和流行于 20 世纪 90 年代，是由美国学者唐·舒尔茨提出的。整合营销就是"根据企业的目标设计战略，并支配企业各种资源以达到战略目标"。传媒整合营销作为"整合营销"的分支应用理论，是近年兴起的。我国当代大众传媒呈现出一种新的传播形式，简言之，就是从"以传者为中心"到"以受众为中心"的传播模式的战略转移。整合营销倡导更加明确的消费者导向理念，因而，传媒整合营销理论对我国新的改革形势下传媒业的发展应该具有重要的指导意义和实用价值。

网络时代，传统的营销经典已经难以适用。传统媒体时代的信息传播是"教堂式"，信息自上而下，单向线性流动，消费者们只能被动接受。而在网络媒体时代，信息传播是"集市式"，信息多向、互动式流动。声音多元、嘈杂、互不相同。网络媒体带来了多种"自媒体"的爆炸性增长，博客、论坛、IM、SNS……借助于此，每个草根消费者都有了自己的"嘴巴"和"耳朵"。面对这些"起义的长尾"，传统营销方式像"狩猎"要变成"垂钓"：营销人需要学会运用"创意真火"煨炖出诱人"香饵"，而品牌信息作为"鱼钩"巧妙地包裹在其中。如何才能完成这一转变？网络整合营销4I原则给出了最好的指引，这就是它的4项原则：Interesting（趣味原则）、Interests（利益原则）、Interaction（互动原则）、Individuality（个性原则）。

趣味原则强调趣味性。中国互联网的本质是娱乐属性的，在互联网这个"娱乐圈"中混，广告、营销也必须是娱乐化、趣味性的。在一个娱乐至死的年代，制造一些趣味、娱乐的"糖衣"的香饵，将营销信息的鱼钩巧妙包裹在趣味的情节当中，是吸引鱼儿们上钩的有效方式。

利益原则强调"天下熙熙，皆为利来，天下攘攘，皆为利往"。网络是一个信息与服务泛滥的江湖，营销活动不能为目标受众提供利益，必然就寸步难行。但这网络营销中提供给消费者的"利益"外延更加广泛，我们头脑中的第一映射物质实利只是其中的一部分，还可能包括这样一些内容：其一，信息、资讯广告的最高境界是没有广告，只有资讯；其二，功能或服务；其三，心理满足，或者荣誉；等等。

互动原则强调网络媒体的一个重要的特征即互动性。只有充分挖掘网络的交互性，充分地利用网络的特性与消费者交流，才能扬长避短，让网络营销的功能发挥至极致。

个性原则认为，个性化的营销让消费者心理产生了"焦点关注"的满足感，个性化营销更能投消费者所好，更容易引发互动与购买行动。但是在传统营销环境中，做到"个性化营销"成本非常之高，因此很难推而广之。但在网络媒体中，数字流的特征让这一切变得简单、便宜，细分出一小类人，甚至一个人，做到一对一营销都成为可能。

上述对四大经典营销理论的介绍，让我们对营销理论有了一个初步认识，而如何将这些理论用于实践当中去指导营销活动，对企业经营成败具有决定性意义。营销理论是一种观念、一种态度或一种企业思维方式。任何企业的营销管理都是在特定的指导思想或观念指导下进行的。下面我们就对上述营销理论所涉及的产品、价格、传播、渠道、促销等内容分别展开，以期建立起全面贯彻现代营销管理哲学的理念，并帮助企业真正走向市场。

一、产品策略

产品是市场营销组合中的首要因素，没有适合市场需要和具有竞争力的产品，企业的其他营销策略就无从谈起。首先要深入领会产品概念的基本含义。产品是消费者获得和用于满足其需要的任何东西。消费者所购买的或追求的是需要的满足，而不是具体形态的物质特性。比如化妆品工厂制造的产品，希望在商店出售，这里的"产品"专指物质产品或核心服务。

所谓产品策略，即指企业制定经营战略时，首先要明确企业能提供什么样的产品和服务去满足消费者的要求，也就是要解决产品策略问题。它是市场营销组合策略的基础，从一定意义上讲，企业成功与发展的关键在于产品满足消费者的需求的程度以及产品策略正确与否。

1. 产品生命周期

产品生命周期显现了产品销售历史中的不同阶段。同时，与各个阶段相对应的是与营销策略和利润潜量有关的不同的机会和问题。公司可通过确定其产品所处的阶段或将要进入的阶段制订更好的市场营销计划。

强调产品有生命周期就是为了明确下面四点：一是产品的生命有限；二是产品销售经过不同阶段，每一阶段对销售者提出不同的挑战；三是在产品生命周期的不同阶段，利润有升也有降；四是在产品生命周期的不同阶段，产品需要不同的市场营销、财务、制造、采购和人事策略。

有关产品生命周期的论述大都认为一般商品的销售历史表现为一条"S"形曲线。典型的这种曲线分为四个阶段，即引入期、发展期、成熟期和衰退期，如图3-3所示。

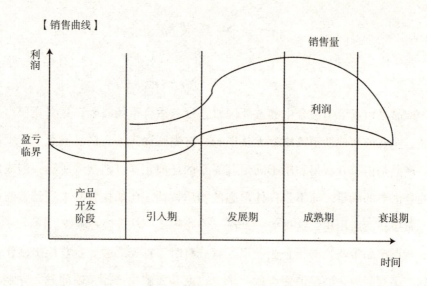

图3-3　产品生命周期"S"形曲线

引入期又称介绍期，指产品引入市场，销售缓慢成长的时期。在这一阶段因为产品引入市场所支付的巨额费用，致使利润几乎不存在。发展期又称成长期，即产品被市场迅速接受和利润大量增加的时期。在成熟期，因为产品已被大多数的潜在购买者所接受而造成的销售成长减慢的时期。为了对抗竞争，维持产品的地位，营销费用日益增加，利润稳定或下降。衰退期是销售下降的趋势增强和利润不断下降的时期。

事实上，并非所有的产品都呈"S"形曲线产品生命周期。研究人员发现产品生命周期具有多种形态。常见的有三种形态：一是"增长—衰退—成熟"的形态。比如，电动刀在首次引入时销售量增长迅速，然后跌落到"僵化"的水平，这个水平因不断有晚期采用者首次购买产品和早期采用者更新产品而得以维持；二是"循环—再循环"。比如，制药公司积极促销其新药品，从而产生了第一个循环；然后销售量下降，于是公司发动第二次促销活动，这就产生了第二个循环；三是"扇形"产品生命周期，它是基于发现了新的产品属性、用以推广出售就显示了这种扇形特征，因为许多新的用途一个接一个地被发现。

产品开发期短，因此产品开发成本低引入期和成长期短，因此销量很快达到最高，这就意味着较早能获得最大收益。成熟期持续时间长，意味着公司盈利时间长。衰退非常缓慢，意味着利润是逐渐降低的。当一种新产品推出时，公司必须刺激知觉、兴趣、试用和购买。这都需要时间，而且在产品介绍阶段，只有少数人（创新者）购买它。如果该产品使消费者满意，更多的购买者（早期采用者）会被吸引过来。接着，经过日益增长的市场知觉和价格下降，竞争者加入市场，加快了采用过程。随着产品正规化，更多的购买者（早期大众）加入了市场。当潜在的新购买者人数趋向零时，成长率便下降。销售量稳定在重复再购买率上。最后，由于新产品种类、形式和品牌的出现，购买者对现行产品的兴趣转移了，该产品销售下降。

因此，公司推出新产品时，应根据影响每个阶段时间长短的因素，预测该产品生命周期的形态，并积极采取相应的产品策略。

2. 产品组合策略

产品组合又称产品搭配，指卖方出售的产品线及产品项目的组合。产品组合计划在很大程度上是公司战略计划人员的职责。他们必须对公司市场营销人员提供的信息进行评估，以决定哪些产品线需要发展、维持、收获、撤销。

产品组合策略有四个要素和促进销售、增加利润都有密切的关系。一般来说，拓宽、增加产品线有利于发挥企业的潜力、开拓新的市场；延长或加深产品线可以适合更多的特殊需要；加强产品线之间的一致性，可以增强企业的市场地位，发挥和提高企业在有关专业上的能力。由此可见，这四个要素在营销策略上都有其意义。

关于产品组合的评价，三维分析图是一种分析产品组合是否健全、平衡的方法。在三维空间坐标上，以 X、Y、Z 三个坐标轴分别表示市场占有率、销售成长率以及利润率，每一个坐标轴又分为高、低两段，这样就能得到八种可能的位置，如图 3-4 所示。

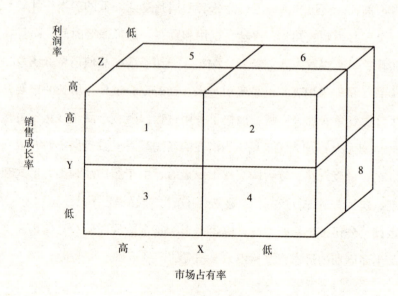

图 3-4　产品组合三维分析图

如果企业的大多数产品项目或产品线处于 1、2、3、4 号位置上，就可以认为产品组合已达到最佳状态。因为任何一个产品项目或产品线的利润率、成长率和占有率都有一个由低到高又转为低的变化过程，不能要求所有的产品项目同时达到最好的状态，即使同时达到这也是不能持久的。因此，企业所能要求的最佳产品组合，必然包括以下几个条件：目前虽不能获利但有良好发展前途、预期成为未来主要产品的新产品；已达到高利润率、高成长率和高占有率的主要产品；虽仍有较高利润率而销售成长率已趋降低的维持性产品；以及已决定淘汰、逐步收缩其投资以减少企业损失的衰退产品。

根据以上产品线分析，针对市场的变化来调整现有产品结构，从而寻求和保持产品结构最优化，这就是产品组合策略。企业在调整产品组合时，可以针对具体情况选用以下产品组合策略，如表 3－1 所示。

表 3－1　产品组合策略与实施

策　略	实　施
扩大产品组合策略	是开拓产品组合的广度和加强产品组合的深度。开拓产品组合广度是指增添一条或几条产品线，扩展产品经营范围；加强产品组合深度是指在原有的产品线内增加新的产品项目。具体方式有：在维持原产品品质和价格的前提下，增加同一产品的规格、型号和款式；增加不同品质和不同价格的同一种产品；增加与原产品相类似的产品；增加与原产品毫不相关的产品
缩减产品组合策略	是削减产品线或产品项目，特别是要取消那些获利小的产品，以便集中力量经营获利大的产品线和产品项目。缩减产品组合的方式有：减少产品线数量，实现专业化生产经营；保留原产品线削减产品项目，停止生产某类产品，外购同类产品继续销售
高档产品策略	是在原有的产品线内增加高档次、高价格的产品项目。实行高档产品策略主要有以下一些益处：高档产品的生产经营容易为企业带来丰厚的利润；可以提高企业现有产品声望，提高企业产品的市场地位；有利于带动企业生产技术水平和管理水平的提高。采用这一策略的企业也要承担一定风险。因为，企业惯以生产廉价产品的形象在消费者心目中不可能立即转变，使得高档产品不容易很快打开销路，从而影响新产品项目研制费用的迅速收回

续表

策　略	实　施
低档产品策略	是在原有的产品线中增加低档次、低价格的产品项目。实行低档产品策略的好处是：借高档名牌产品的声誉，吸引消费水平较低的顾客慕名购买该产品线中的低档廉价产品；充分利用企业现有生产能力，补充产品项目的空白，形成产品系列；增加销售总额，扩大市场占有率。低档产品策略的实行如果处理不当，可能会影响企业原有产品的市场声誉和名牌产品的市场形象。此外，这一策略的实施需要一套相应的营销系统和促销手段与之配合，这些必然会加大企业营销费用的支出

从形式上看，产品组合策略有全线全面型、市场专业型、产品线专业型和特殊产品专业型四种类型，如表3-2所示。

表3-2　产品组合策略类型

类　型	含　义
全线全面型	是指企业尽量向自己业务范围内的所有顾客提供所需的产品。采取该种策略的企业必须有能力满足整个市场的需求。例如近年来，国外一些商业银行不断扩大产品组合的宽度和深度，向企业提供全方位的贷款服务，几乎企业所需的金融服务都能够提供
市场专业型	是指企业着眼于向某专业市场提供其所需要的各种产品。这种策略强调的是产品组合的广度和关联性，产品组合的深度一般较小
产品线专业型	是指企业根据自己的专长，专注于某几类产品或服务的提供，并将它们推销给各类客户。这种策略强调的是产品组合的深度和关联性，产品组合的宽度一般较小
特殊产品专业型	是指企业根据自身所具备的特殊资源条件和特殊技术专长，专门提供或经营某些具有优越销路的产品或服务项目。这种策略的特点是：产品组合的宽度极小，深度不大，但关联性极强

由于市场需求和竞争形势的变化，产品组合中的每个项目必然会在变化的市场环境下发生分化，一部分产品获得较快的成长，一部分产品继续取得较高的利润，还有一部分产品则趋于衰退。企业如果不重视新产品的开发和衰退产品的剔除，则必将逐渐出现不健全的、不平衡的产品组合。为此，企

业需要经常分析产品组合中各个产品项目或产品线的销售成长率、利润率和市场占有率，判断各产品项目或产品线销售成长上的潜力或发展趋势，以确定企业资金的运用方向，做出开发新产品和剔除衰退产品的决策，以调整其产品组合。这就是产品组合的动态平衡。

所谓产品组合的动态平衡，是指企业根据市场环境和资源条件变动的前景，适时增加应开发的新产品和淘汰应退出的衰退产品，从而随着时间的推移，企业仍能维持住最大利润的产品组合。可见，及时调整产品组合是保持产品组合动态平衡的条件。动态平衡的产品组合亦称最佳产品组合。

产品组合的动态平衡实际上是产品组合动态优化的问题，只能通过不断开发新产品和淘汰衰退产品来实现。产品组合动态平衡的形成需要综合性地研究企业资源和市场环境可能发生的变化，各产品项目或产品线的成长率、利润率、市场占有率将会发生的变化，以及这些变化对企业总利润率所起的影响。对一个产品项目或产品线众多的企业来说这是一个非常复杂的问题，目前系统分析方法和电子计算机的应用已为解决产品组合最佳化问题提供了良好的前景。

3. 产品品牌策略

品牌，是指能够为顾客提供其认为值得购买的功能利益及附加价值的产品。产品品牌对产品而言，包含两个层次的含义：一是指产品的名称、术语、标记、符号、设计等方面的组合体；二是代表有关产品的一系列附加值，包含功能和心理两方面的利益点，如产品所能代表的效用、功能、品位、形式、价格、便利、服务等。

产品品牌是一种识别标志、一种精神象征、一种价值理念，是品质优异的核心体现。培育和创造品牌的过程也是不断创新的过程，自身有了创新的力量，才能在激烈的竞争中立于不败之地，继而巩固原有品牌资产，多层次、多角度、多领域地参与竞争。

产品品牌的塑造离不开营销的具体工作，包括了解市场状况，找出产品概念和品牌概念，并有营销费用的支持。

品牌塑造首先要进行品牌的定位，也就是说公司要明确品牌的核心价值是什么，能给消费者带来什么利益，如何体现公司的企业文化和产品特点？把握住品牌的核心价值和消费者心理需求，就可以确定品牌的定位。这对处于成长期和成熟期市场上的企业来说尤其重要，因为市场上的同类产品很多，竞争非常激烈，有些企业已经具有很强的品牌优势，因此，进行市场细分，找出特定市场和品牌特色，使品牌凸显个性，是非常重要的。

首先，从产品特点上寻找并保持一致。具体来说，要注意以下几个关键点，如表3-3所示。

表3-3　产品品牌塑造一致性的关键点

关键点	实施细则
找准产品概念，满足消费者的欲望与需求	确定产品概念和品牌概念是品牌推广人员的重要工作，产品概念就是能给消费者带来利益的产品功能，品牌概念会有更深的内涵，更多的是企业价值观、产品个性和特色的体现。品牌的塑造不能离开产品的概念，品牌概念必须跟产品概念有某种联系。比如我们很熟悉的P&G公司的洗发水——"飘柔"，产品概念就是能使头发更柔顺，而品牌给我们的感觉是"自信、飘逸"
不要急于求成，品牌塑造要有阶段性	许多企业在做品牌塑造时容易犯的错误就是急于求成，在消费者还没有接受产品概念时，或者对产品的功能还不是很了解时，就开始做品牌的推广，结果往往是消费者对广告一头雾水，不知道这个产品到底是干什么用的，结果企业的推广效果大打折扣
注重品牌概念塑造	很多企业在成长期，往往是主推一个产品，忽视了对品牌的塑造，结果是消费者虽然对产品很认知，但对品牌没有概念，不知道这个品牌的个性和特点是什么，甚至不知道企业的名称，当企业推出新品时，又需要重新教育市场，花费大量推广费用。比如，"脑白金"作为一个保健品，它给消费者的感觉是"礼品"，虽然表面看该产品比较成功，创造了不菲的销售业绩，可从长远来看，它却很难塑造成一个享有高美誉度和忠诚度的品牌

其次，找好品牌定位。具体包括以下几项关键内容，如表 3 - 4 所示。

表 3 - 4　产品品牌塑定位的关键点

关键点	实施细则
品牌定位的过程其实也就是找准目标市场的过程	品牌定位是品牌塑造的前提，没有正确的定位只能使品牌塑造越走越偏，达不到效果，因此，我们首先需要对自己的品牌进行清晰的定位。比如，我们在提到很多知名品牌时，一下就能联想到该品牌的形象。其实品牌的定位就是消费人群定位，比如，"鳄鱼"服装瞄准的是高收入阶层，"奔驰车"主要是针对高收入阶层，"大宝"化妆品的目标人群是工薪阶层。所以说，企业确定了产品的目标人群，也就决定了品牌的定位，从而决定了企业战略和营销策略
品牌定位要着眼于潜在市场	不少企业在做产品和品牌定位时，往往看到的是市场需求状况，而没有考虑 3 年、5 年甚至是 10 年后市场的状况，所以品牌的成长性有限，无法发展壮大。另外要注意产品和品牌概念的一致性，企业在经历了快速发展后，一般会推出新品，进行多元化经营，比如海尔最初就是从做冰箱开始的，涉及家电的各个领域，这就更需要在品牌塑造时，找准品牌的概念和定位，保持一致性，使企业的品牌推广更迅速和有效

营销费用的支持也是品牌塑造不可或缺的重要因素。品牌是一个大的概念，不仅包括产品的功能和质量，还包括品牌概念和服务等许多要素，因此需要企业的很多努力，包括推力与拉力的结合运用，若单靠推销，是无法使品牌的定位和概念迅速深入人心的，也很难成功。

品牌塑造和大胆的投入和周密的计划是分不开的。许多企业都认为广告能够塑造一个品牌，其实是一种误解。因为品牌分几个阶段，从消费者开始认知到最后的忠诚，是有一个阶段和过程的，很多企业认为自己已经塑造成了一个品牌，其实只是让消费者认知你而已，并没有在消费者心中形成美誉度和忠诚度，还不能算是一个真正意义上的品牌。但是，品牌要形成忠诚度，大量的推广包括广告投入是必不可少的，关键是你的推广策略如何来配合你的品牌概念，用最少的投入换取最大的收益。

在进行品牌推广计划时，不少企业也有许多误区，其中最主要的就是认为品牌推广就是做广告，因此把品牌推广计划等同于产品广告计划，外包给广告公司，可是很多企业并没有找准产品概念和品牌概念，而一般的广告公司对产品概念和品牌概念的理解都不是很准确，对营销的推广策略也不是很专业，因此导致广告效果不佳。

总之，品牌的塑造一方面需要大量的投入；另一方面还需要制订周密的计划，确保在不同的阶段，达到不同的效果，包括广告计划、促销计划、推广计划、渠道计划等。

4. 产品包装策略

进入市场的许多产品必须包装。包装既可以起到较小的作用（如不昂贵的五金商品）又可以起到重要的作用（如化妆品）。产品的包装化就是指设计并生产容器或包扎物的一系列活动。包装已成为强有力的营销手段。设计良好的包装能为消费者创造方便价值，为生产者创造促销价值。多种多样的因素会促进包装化作为一种营销手段在应用方面的进一步发展。

由于越来越多的产品在超级市场上和折扣商店里以自助的形式出售，包装必须执行许多推销任务。包装具有多方面的意义：一是保护商品，便于储运；二是包装能吸引注意力，说明产品的特色，给消费者以信心，形成一个有利的总体印象；三是包装还能提供创新的机会，包装化的创新既能够给消费者带来巨大的好处，也给生产者带来了利润。

产品包装有一些基本原则，如表3-5所示。

表3-5 产品包装有一些基本原则

基本原则	含 义
适用原则	包装的主要目的是保护商品。因此,首先要根据产品的不同性质和特点,合理地选用包装材料和包装技术,确保产品不损坏、不变质、不变形等,也尽量使用符合环保标准的包装材料;其次要合理设计包装、便于运输等
美观原则	销售包装具有美化商品的作用,因此在设计上要求外形新颖、大方、美观,具有较强的艺术性
经济原则	在符合营销策略的前提下,应尽量降低包装成本

产品包装策略及实施有以下几种,如表3-6所示。

表3-6 产品包装策略及实施

策 略	含义及实施
类似包装	即企业所有产品的包装,在图案、色彩等方面,均采用统一的形式。这种方法,可以降低包装的成本,扩大企业的影响,特别是在推出新产品时,可以利用企业的声誉,使顾客首先从包装上辨认出产品,迅速打开市场
组合包装	即把若干有关联的产品,包装在同一容器中。如化妆品的组合包装、节日礼品盒包装等,都属于这种包装方法。组合包装不仅能促进消费者的购买,也有利于企业推销产品,特别是推销新产品时,可将其与老产品组合出售,创造条件使消费者接受、试用
附赠品包装	这种包装的主要方法是在包装物中附赠一些物品,从而引起消费者的购买兴趣,有时,还能激发顾客重复购买的意愿。例如在珍珠霜盒里放一颗珍珠,顾客买了一定数量之后就能串成一条项链
再使用包装	这种包装物在产品使用完后,还可做别的用处。这样,购买者可以得到一种额外的满足,从而激发其购买产品的欲望。如设计精巧的果酱瓶,在果酱吃完后可以作茶杯之用。包装物在继续使用过程中,实际还起了经常性的广告作用,也增加了顾客重复购买的可能
分组包装	即对同一种产品,可以根据顾客的不同需要,采用不同级别的包装。如用作礼品,则可以精致地包装,若自己使用,则只需简单包装。此外,对不同等级的产品,也可采用不同包装。高档产品,包装精致些,表示产品的身份;中低档产品,包装简略些,以减少产品成本

策 略	含义及实施
改变包装	即改变和放弃原有的产品包装，改用新的包装。当由于某种原因使产品销量下降、市场声誉跌落时，企业可以在改进产品质量的同时，改变包装的形式，从而以新的产品形象出现在市场，并改变产品在消费者心目中的不良地位。这种做法有利于迅速恢复企业声誉，重新扩大市场份额

另外，产品的包装说明是包装的重要组成部分，它在宣传产品功效、争取消费者了解、指导人们正确消费方面有重大作用。包装说明包括包装标签和包装标志。

包装标签是指附着或系挂在产品销售包装上的文字、图形、雕刻及印制的说明。标签可以是附着在产品上的简易签条，也可以是精心设计的作为包装的一部分的图案。标签可能仅标有品名，也可能载有许多信息，能用来识别、检验内装产品，同时也可以起到促销作用。通常，产品标签主要包括：制造者或销售者的名称和地址、产品名称、商标、成分、品质特点、包装内产品数量、使用方法及用量、编号、储藏应注意的事项、质检号、生产日期和有效期等内容。值得提及的是，印有彩色图案或实物照片的标签有明显的促销功效。

包装标志是在运输包装的外部印制的图形、文字和数字以及它们的组合。包装标志主要有运输标志、指示性标志、警告性标志三种。运输标志又称为唛头（Mark），是指在产品外包装上印制的反映收货人和发货人、目的地或中转地、件号、批号、产地等内容的几何图形、特定字母、数字和简短的文字等。指示性标志是根据产品的特性，对一些容易破碎、残损、变质的产品，用醒目的图形和简单的文字做出标志。指示性标志指示有关人员在装卸、搬运、储存、作业中引起注意，常见的有"此端向上"、"易碎"、"小心轻放"、"由此吊起"等。警告性标志是指在易燃品、易爆品、腐蚀性物品和放射性物品等危险品的运输包装上印制特殊的文字，以示警告。常见的有"爆炸品"、"易燃品"、"有毒品"等。

二、价格策略

价格是决定公司市场份额和盈利率的最重要因素之一。在营销组合中，价格是唯一能产生收入的因素，其他因素均表现为成本。价格策略是指企业通过对顾客需求的估量和成本分析，选择一种能吸引顾客、实现市场营销组合的策略。它是根据购买者各自不同的支付能力和效用情况，结合产品进行定价，从而实现最大利润的定价办法。

在第一次制定价格时，企业要考虑以下因素：一是定价目标；二是确定需求；三是估计成本；四是选择定价方法；五是选定最终价格。企业除了根据不同的定价目标，选择不同的定价方法，还要根据复杂的市场情况，采用灵活多变的方式确定产品的价格，如新产品定价、心理定价、折扣定价、差别定价。企业在产品价格确定后，由于客观环境和市场情况的变化，往往会对价格进行修改和调整，其方式包括主动调整价格、根据购买者的反应进行调价以及竞争者的反应进行调价。

1. 产品价格的象征性作用

价格是消费者为获得拥有、使用产品的权利而必须支付的金钱数量，或者说价格是价值的货币表现。在经济学及营销的过程中，价格是一项以货币为表现形式，为商品、服务及资产所订立的价值数字。在微观经济学之中，资源在需求和供应者之间重新分配的过程中，价格是重要的变数之一。

经济学家经常假定，同一件产品价格较低时比较高的销售得更多。然而价格有时也被作为品质信号，产品定价太低会被认为品质一般或者品质很低。另外，高价位产品还提供关于购买者的信息，即表明购买者有能力消费价格昂贵的产品，对于某些消费者，这是一种希望拥有的产品特征。因此，产品的价格并不代表产品的功用，价格所起的这种象征性作用，是定价时必须了解的。

2. 产品价格不变，延长服务期

价格只是一时的手段，关键还是服务。但是不管什么时候，价格都要合理，虽不能保证所有的商品的价格与市场一样，但主要的商品不能偏高于总体市场上的价格，这个是很重要的，做好这一点，再去拼服务，用微笑去服务好顾客，生意才能源源不断。

在 2015 年"十一黄金周"之前，天猫电器城和苏宁、国美等合作伙伴，让北京的消费者体验到了良好的家电服务，包括"送装同步"、"预约配送"、"以旧换新""一对一客服"等。9 月 24 日这一天，天猫宣布启动"杭州 + 北京"双主场战略，不设上限地投入以北京为中心的北方市场。与此同时，天猫电器城携手上百家全球知名品牌高调宣布将在北京掀起最大规模的让利活动，并获得了苏宁、国美等合作伙伴在线上线下的全力支持。依托阿里生态圈的资源优势，在投资苏宁、联手国美后，天猫在家电数码领域将"无规模不经济"做到了极致，而其服务也做到了线上线下的融合。

事实证明，产品价格不变、延长服务期是一个不错的方法。价格是留住新顾客指引新客户购买的一种手段，服务是留住顾客并让他成为你的长期客户的另一种更为有效的手段。

3. 三种定价方法简介

定价方法，是企业在特定的定价目标指导下，依据对成本、需求及竞争等状况的研究，运用价格决策理论，对产品价格进行计算的具体方法。定价方法主要包括成本导向、竞争导向和顾客导向这三种类型。

成本导向定价法是以产品单位成本为基本依据，再加上预期利润来确定价格的成本导向定价法，是中外企业最常用、最基本的定价方法。成本导向定价法又衍生出了总成本加成定价法、目标收益定价法、边际成本定价法、盈亏平衡定价法等几种具体的定价方法，如表3-7所示。

表3-7 成本导向定价法

方 法	实施细则
总成本加成定价法	在这种定价方法下，把所有为生产某种产品而发生的耗费均计入成本的范围，计算单位产品的变动成本，合理分摊相应的固定成本，再按一定的目标利润率来决定价格
目标收益定价法	目标收益定价法又称投资收益率定价法，是根据企业的投资总额、预期销量和投资回收期等因素来确定价格
边际成本定价法	边际成本是指每增加或减少单位产品所引起的总成本变化量。由于边际成本与变动成本比较接近，而变动成本的计算更容易一些，所以在定价实务中多用变动成本替代边际成本，而将边际成本定价法称为变动成本定价法
盈亏平衡定价法	在销量既定的条件下，企业产品的价格必须达到一定的水平才能做到盈亏平衡、收支相抵。既定的销量就称为盈亏平衡点，这种制定价格的方法就称为盈亏平衡定价法。科学地预测销量和已知固定成本、变动成本是盈亏平衡定价的前提

竞争导向定价法不以成本和需求来制定价格，而是以同行业的主要竞争对手的价格为主要依据来制定。其特点与成本和需求关联较少，主要参考同行业对手。这有利于企业增强应对竞争的能力和保护市场的份额，同时还可以刺激企业不断加强管理、提高技术、降低成本。但由于这种方法主要应对竞争对手，使企业容易陷入价格战，减少利润。这种定价方法主要有以下几种，如表3-8所示。

表3-8　竞争导向定价法

方　法	实施细则
同行业参考定价	即企业在竞争激烈的行业中，根据市场竞争情况，跟随主要竞争对手价格或参考行业平均价格，来确定自己的产品价格。这种定价方法风险较小，有利于避免行业内的价格战，保持行业整体盈利水平；同时能使企业获得行业的平均利润水平，不需要太多的其他营销手段的介入
竞争差异定价	竞争差异定价不是简单的降低，而是需要根据竞争对手的价格和产品，并结合自身情况，改变产品性能或其他差异化的措施，以达到变相降价或提价的目的
竞争投标定价	这种定价方法主要是用于投标中（工程类、项目类等），需要制定高于成本但低于潜在竞争对手的价格。快速消费品行业基本没有这类的定价方法，这里不再讨论
随行就市定价法	在垄断竞争和完全竞争的市场结构条件下，任何一家企业都无法凭借自己的实力而在市场上取得绝对的优势，为了避免竞争特别是价格竞争带来的损失，大多数企业都采用随行就市定价法，即将本企业某产品价格保持在市场平均价格水平上，利用这样的价格来获得平均报酬。此外，采用随行就市定价法，企业就不必去全面了解消费者对不同价格差的反应，也不会引起价格波动
密封投标定价法	国内外许多大宗商品、原材料、成套设备和建筑工程项目的买卖和承包，以及出售小型企业等，往往采用发包人招标、承包人投标的方式来选择承包者，并确定最终承包价格。一般来说，招标方只有一个，处于相对垄断地位，而投标方有多个，处于相互竞争地位。标的物的价格由参与投标的各个企业在相互独立的条件下来确定。在买方招标的所有投标者中，报价最低的投标者通常中标，它的报价就是承包价格。这样一种竞争性的定价方法就称为密封投标定价法

顾客导向定价法又称"市场导向定价法"、"需求导向定价法"，是根据市场需求状况和消费者对产品的感觉差异来确定价格的方法。它是"以消费者需求为中心"思想的体现。现代市场营销观念要求企业的一切生产经营必须以消费者需求为中心，并在产品、价格、分销和促销等方面予以充分体现。顾客导向定价法主要包括理解价值定价法、需求差异定价法和逆向定价法。如表3-9所示。

表3-9 顾客导向定价法

方 法	实施细则
理解价值定价法	所谓"理解价值",是指消费者对某种商品价值的主观评判。理解价值定价法是指企业以消费者对商品价值的理解度为定价依据,运用各种营销策略和手段,影响消费者对商品价值的认知,形成对企业有利的价值观念,再根据商品在消费者心目中的价值来制定价格
需求差异定价法	是指产品价格的确定以需求为依据,首先强调适应消费者需求的不同特性,而将成本补偿放在次要的地位。这种定价方法对同一商品在同一市场上制定两个或两个以上的价格,或使不同商品价格之间的差额大于其成本之间的差额。其好处是可以使企业定价最大限度地符合市场需求,促进商品销售,有利于企业获取最佳的经济效益
逆向定价法	这种定价方法主要不是考虑产品成本,而是重点考虑需求状况。依据消费者能够接受的最终销售价格,逆向推算出中间商的批发价和生产企业的出厂价格。逆向定价法的特点是:价格能反映市场需求情况,有利于加强与中间商的良好关系,保证中间商的正常利润,使产品迅速向市场渗透,并可根据市场供求情况及时调整

定价是价格策略的核心。企业选定最终价格必须考虑以下因素:其一,最后价格必须同企业定价政策相符合。企业的定价政策是指明确企业需要的定价形象、对价格折扣的态度以及对竞争者价格的指导思想。其二,最后价格还必须考虑是否符合政府有关部门的政策和法令的规定。其三,最后价格还要考虑消费者的心理。利用消费者心理,采取声望定价,把实际上价值不大的商品的价格定得很高(如把实际上值10元的香水定为100元),或者采用奇数定价(把一台电视机的价格定为1299元),以促进销售。其四,选定最后价格时,还须考虑企业内部有关人员(如推销人员、广告人员等)对定价的意见,经销商、供应商等对定价的意见以及竞争对手对所定价格的反应。

三、传播策略

营销传播包括广告、人员分销、公共关系、包装以及企业提供的关于自身及其产品的其他信号。有效的传播必须要回答如下问题：传播给谁？我们希望传播对目标受众产生何种影响？什么样的信息更有助于获得企业所希望的传播效果？采用何种传播方式和媒体？什么时候与受众沟通？

为了回答这些问题，下面设立四个题目予以讨论。这四个题目是：明确传播对象及其影响；通过哪些方式传播信息；如何合理安排传播的时间；选择与受众沟通的最佳方式。

1. 明确传播对象及其影响

传播对象一般称为"受众"，是媒介信息接受者的总称。企业制定传播策略的第一步就是明确传播对象及其影响。

企业的传播对象包括企业员工、供应商、营销中介机构、竞争者、顾客、金融机构及投资者、媒介机构及媒介公众、相关政府机构、相关性社会团体、地方居民等。

就传播对象的影响而言，传播对象对企业的认识途径、认识方式、关注程度以及关注角度各有不同，形成的印象和评价也就具有不同特点。比如，消费者通过接触和使用某企业的产品来认识了解一个企业，主要从产品质量、性能、服务等方面对企业产生好或不好的印象；而金融机构则主要是从企业的信誉、偿还能力、企业实力等方面来认识企业；社会团体则从环境保护、社区贡献、就业等方面对企业形成印象。在其他社会公众中，政府机构关注企业是否合法经营；供应商及营销中间商关注企业信誉及实力；股民关注企业经营状态及发展潜力；竞争者关注企业是否遵守游戏规则；等等。企业只有全面了解其面对的社会公众，全方位地、系统地、有针对性地营造自身形象，才能最终得到社会公众的广泛认可和接受，进而树立良好的形象。

企业形象的建立必须经过一定的传播手段和传播渠道。没有传播手段和传播渠道，企业实态就不可能为外界所感知、认识，企业形象也就无从谈起。企业形象的形成过程实质上就是企业信息的传播过程。传播作为传递、分享及沟通信息的手段，也是人们感知、认识企业的唯一途径。企业通过传播将有关信息传递给公众，同时又把公众的反映反馈到企业中来，使企业和公众之间达到沟通和理解，从而实现了塑造企业形象的目的。

2. 通过哪些方式传播信息

信息传播的方式不同，其所获得的传播效果也会不同。企业信息的传播总的来说可分为直接传播和间接传播两种形式。直接传播是指企业在其经营活动中，其有关信息可直接为外界所感知。间接传播是指企业有意通过各种专门中间媒介物所进行的传播。

具体来说，企业信息的传播方式通常有以下几种，如表 3 - 10 所示。

表 3 - 10　信息传播方式

方　式	实施细则
动态媒体方式	是指利用电视、电影和广播等富有动感的现代化视听媒体来进行品牌营销活动，如电视广告，其优点就是传播面广、传播速度快、信息传递准确、表现力丰富、影响力大。但也有其无法避免的缺陷，那就是无论电视画面是多么的惟妙惟肖，其始终无法让人产生真实感，而且成本高昂、互动性差、缺乏针对性，无法储存

方 式	实施细则
静态媒体方式	是指利用报纸、杂志、海报、邮件等静态媒体来进行品牌营销活动，如报纸广告、体育场广告牌、城市巨幅广告等。静态媒体方式的最主要的优点就是价格低廉、可储存、传播面较广并且能够做到有针对性的传播。但是静态媒体方式的缺陷就是传播速度慢、信息易失真、表现方式呆板、互动性差、影响力小等
人员媒体方式	是指直接让营销人员去传播品牌。如上门销售、巡回展销、现场订货会、厂派销售点等。利用营销人员直接去传播品牌的优点就是针对性强、感知性强、互动性强、灵活多变、生动而又具体并且容易立即得到订单，其不足之处就是费用高昂、传播速度慢、传播范围不广并且传播的效果受营销人员个体素质的影响较大
网络媒体方式	电脑网络是一种新兴的信息传播媒体，利用电脑网络进行对品牌的传播，是近几年来的一种全新的品牌传播方式，包括有网上广告、网上商店、网上购物、网络销售等。网络媒体方式的优点就是传播速度快、信息更新快，信息传递准确并且表现力丰富、形式多样、互动性强、成本低、可储存，其不足之处就是受电脑普及率及网络知识普及率的影响较大、传播面小、针对性差等
综合传播方式	即综合地运用几种传播方式，全方位地对品牌进行传播宣传。这样做的好处就是能够最大限度地避免采用单一方式的先天不足，并且能够让人感觉到企业实力的强大，从而从另一个角度也为企业的品牌塑造了形象

企业信息的传播少不了以上几种方法的结合使用，如果能够成功建立起品牌形象，那么营销就相对来说更加容易一些，关键还是在于生产企业是如何对产品定位的。

3. 如何合理安排信息传播的时间

人类时间观念在经历了自然时间、钟表时间两阶段后正向"媒介时间"过渡。在信息社会来临的背景下，钟表时间已处于危机状态，而塑造新型时间观念的任务正落在电子传播媒介身上。通过对人类日常生活时间的重组，电子媒介不但转移了人们的时间参照标准，也通过科技及传播内容塑造了以瞬时、零散与无序为特征的"媒介时间"，从而改变了人类的时间知觉，这种新型时间观将对社会发展与人类生活产生较为深刻的影响。

有人认为"时间会说话",并将时间视为不同文化间的第一种"无声的语言",认为其"比有声语言更坦率,表达的信息响亮而清晰"。这一观点,对于"媒介时间"时代的企业如何合理安排信息传播的时间很有启示意义。尤其是随着网络技术的发展,网络对信息的反应更为敏感,或者说其时间性更强。网络信息传播的特点之一就是迅速及时,这使得传播的时效性进一步提高,受众对于信息传播速度的心理期待将会进一步提高,人们要求更快速、更准确地获得所需要的信息。

企业信息的传递属于整合营销方案的一个重要组成。之所以强调企业要合理安排信息传播的时间,是因为企业要传播信息的价值有很强的时效性。一条信息在某一时刻价值非常高,但过了这一时刻,可能一点价值也没有。现在的金融信息,在需要知道的时候,会非常有价值,但过了这一时刻,这一信息就会毫无价值。

值得注意的是,企业里一个事件的发生、发展、处置和妥善解决是一个时序过程,相对应的信息发布也是一个动态过程,不可能在第一时间一次性地将所有涉及事件发生与处置结果的信息都提供出来。因此,快速、准确地发布权威信息实质上是一个动态过程,需要不断跟进式发布相关有价值的即时信息。动态发布信息要处理好发布时机、周期和内容连贯、完整等环节。比如,要结合新的事实进展,尽快组织新闻发布;结合媒体的报道特点,合理安排滚动发布周期;结合受众对事件的认知,在动态发布中做好内容衔接,确保信息完整。总之,要在第一时间准确发布消息,将其作为一种公众关注的机遇来把握,凸显企业的坦诚、责任和效能。

4. 选择与受众沟通的最佳方式

所谓沟通,是人与人之间的思想和信息的交换,是将信息由一个人传达给另一个人，逐渐广泛传播的过程。在沟通的方式上，首先要建立客户档案，这是进行有效沟通的基础。客户档案要有经营情况，还要有个人的志趣、爱好、重要的纪念日等，以利于与客户的交流。其次，要加强感情交流。与客户聊聊天，帮助理理货，既亲切自然、缩短距离、增强感情，又能发现消费的异常及变化趋势，也可对其介绍新品、引导消费、当好参谋。最后，要加强个性化服务。根据客户的需求提供相应的服务，对一般客户提供标准化服务，重要客户提供个性化服务，特殊客户提供特殊服务。

下面的十条方式将会帮助销售业务员成功保持与客户的关系和他们的忠诚，如表 3 – 11 所示。

表 3 –11 选择与受众沟通的最佳方式

方　式	实施细则
找出客户对我们的产品或服务的真实的感觉	仔细研究客户反馈和以往的市场调查报告，并与公司内负责客户服务的部门联系。注意每一个意见特别是反面批评的意见。虽然那些反面的、批评的意见会很让人不愉快，但我们将会从那些我们不愿看到的材料中知道用户为什么不满意，并且在以后的发展中将这些因素去除掉
在 1 周内给联系过的客户反馈	对产品促销后客户的反应能够表现出你是怎么对待公司的业务的。这不仅仅是指对客户要求的一般的快速反应，而且要对那些投诉说"谢谢"。行动比语言更有说服力
切合客户的实际情况与他们讨论他们的具体需求	如果先听一听客户的声音，真诚地与他们沟通，交换双方的观点，就可以与客户建立真正的、真诚的关系。全神贯注于客户的需求，分析你的最好客户，并从正在进行的沟通交流中学习
选择专业的客户交流人员	选择一个专门负责客户交流的人员——此人最好是在你的目标客户群体关注的刊物或媒体上发表文章/评论并有一定影响的人。他的文章要在适当的程度去宣扬你的公司、介绍你的公司，去影响那些目标客户，你要提供证实的材料，并确定涉及的内容是新颖的、独特的
设立范围较广、多样化的客户关系发展计划	赋予你的客户忠诚计划多条"腿"和仔细建立包括产品和产品使用多样化的长期沟通平台，但这些计划不应是独立的自我服务的系统，而是应该相辅相成的

续表

方　式	实施细则
确信不断学习到新的东西，而不是只停留在口头上	有些经理和市场人员已经厌倦了那些重复的、千篇一律的客户沟通行为；但我们生活在自己生产并推销的产品中，当回顾那些有关的市场计划时，如果你学到了以前你不知道的东西，那么你的顾客将比你要学到的多并将为你带来很多机会。你也将可以在客户群中保持一定的品牌忠诚度
避免无谓的讨论	过多的讨论只会影响公司的声誉和形象。拒绝那些关于销售价格、产品展示、突发事件或广告无休止的讨论。太多的市场行为将会破坏本来建立的与客户良好的关系，或影响这种关系停滞不前
广告要与众不同	如果要做广告，就要让它引人注意，并且要与众不同。要让你的客户知道，你和你的竞争对手是不一样的，他们将从你这里获得更多更好的。要让每次广告都会造成不同的冲击和影响
认真回复客户信件	逐字地推敲给客户信件，要引起客户注意。来自其他客户的信通常是公司关系市场活动的一部分，如果你对客户的反应和回复达到非常令客户满意的话，将对你的产品的发展起到有利的促进作用
给予客户独特的待遇	包括客户在其他地方不能获得的特殊待遇，或者提供特别的信息和服务，让他们感到只有你能为他们做到这些

　　沟通是技巧，沟通更是艺术。沟通注重诚和信，只有诚和信才能打动客户，才能取得客户的信任与支持。希望销售人员与客户沟通时讲究诚信并取得成功。

四、渠道策略

　　渠道策略是整个营销系统的重要组成部分，它对降低企业成本和提高企业竞争力具有重要意义，是规划中的重中之重。企业渠道策略的选择将直接影响到其他的营销决策，如产品的定价。它同产品营销渠道策略、价格策略、促销策略一样，也是企业能否成功开拓市场、实现销售及经营目标的重要手段。

随着市场发展进入新阶段，企业的营销渠道不断发生新的变革，旧的渠道模式已不能适应形势的变化。因此，网络营销渠道策略、地面推广渠道策略、手机端开发策略以及制定员工促销方案，是企业渠道策略的重要选择。

1. 网络营销渠道策略

企业建立网络营销渠道的目的是使企业营销渠道注入快速的反应能力，以改善产销关系，提高渠道运行的效率，具体来说有以下几点：

一是将企业内部协调转向外部社会化。网络营销使企业有能力在任何时间和地点与供应商、零售商、消费者及各种相关组织进行交互式多媒体交流，这就会改变传统情况下由于对外封闭和信息不足，使企业专门注重于外界的联合，充分利用各种合作方式，从外界更广泛的来源获取更为优化的资源。

二是促使企业充分利用外部资料，低成本、快节奏地开发利用市场机会。为适应快速变化的市场需求，企业必须改变传统的和少数固定的伙伴关系而保持与众多企业、设计与研究单位及相关产业的动态联系关系。根据不断出现的新的市场机会，迅速重新组织价值链条，其结果使企业的活动将以价值链、价值网形式发展，甚至形成"虚拟公司"。

三是使企业营销结构趋于更直接和高效率。网络营销可以导致营销商与制造商、消费者与制造商直接沟通，形成一个单一的、连续的经济活动业务流。网络营销大大降低了整个经营过程中所消耗的劳动力资源，使企业可以随时掌握商品的销售、库存、价格及利润和畅销程度；而电子数据交换系统则把制造商、营销商、储运机构、银行等连接在一起，信息的适时传递缩短了商品流转时间，减少了库存，这不仅及时满足了消费者的需求，而且也大大提高了企业效率。

网络将企业和消费者连在一起，给企业提供了一种全新的销售渠道。企业在应用过程中应不断完善这种渠道，以吸引更多的消费者，如表 3 – 12 所示。

表 3 – 12 完善网络渠道的做法

方 法	实施细则
设点销售	结合相关产业的公司，共同在网络上设点销售系列产品。采用这种方式可增加消费者的上网意愿和消费动机，同时也为消费者提供较大的便利，增加渠道吸引力。例如，计算机生产商同软件商、网络服务商等联合进行促销和销售
虚拟店铺	在企业网站上设立虚拟店铺，通过三维多媒体设计，形成网上优良的购物环境，并可进行各种新奇的、个性化的，随一定时期、季节、促销活动、消费者类型变化而变化的店面布置以吸引更多的消费者进入虚拟商店购物。虚拟橱窗可 24 小时营业，服务全球顾客，并可设虚拟售货员或网上导购员回答专业性问题，这一优势是一般商店所不能比拟的
电子购物	消费者在决定购买后，可直接利用电子邮件进行线上购物，也可通过划拨电汇付款，由企业通过邮局邮寄或送货上门进行货物交割。在现在网络并不十分发达，尤其是网上付款安全性问题并没有彻底解决，这种"网上交易，网下付款"将持续一段时间，但网络技术的日新月异，网上交易必将会越来越完善

网络营销渠道的建立，一方面，减少了大量的国际化营销成本，使产品迅速走向世界各地；另一方面，也使代理商走上专业化营销崛起之路。这对于缺少人才，迫切需要扩大国际市场需求，以及实施规模经销的企业营销是一个可取的捷径。

2. 地面推广渠道策略

所谓地面推广，就是针对以网吧、高校为主要组成部分的各种地面市场资源，通过地面推广人员的实地宣传来进行传播的一种营销行为。互联网推广方式的费用已经贵到让人难以承受，地面推广开始重新成为许多创业公司的新宠。尤其是在中国的互联网和移动互联网快速向三、四线城市及农村推进的过程中，地面推广这种方式更有效。

地面推广活动中传单派发方式有很多种，如手递手派发、社区直投、信箱投递、商函直邮等，如表3-13所示。

表3-13 地面推广活动中传单派发方式

方　式	实施细则
手递手派发	地铁、商场、公园、学校、社区门口等，地处繁华、人流密集、更替速度快，宣传品可以较快地流入目标消费群，派发员将宣传品直接递给过往行人，是最有效、最便捷的一种传单派发方式。派发传单人员在指定的地铁、路口、商场超市、学校门口手递手派发
社区直投	是指商家对特定商圈周边区域社区进行单页插门投递，因为其投递量频次高数量多等特点，为各大快消品、学校、电信、房产等行业使用
信箱投递	即把宣传单页用邮局专用"喜从信来"信封包装好或直接单页投递
商函直邮	是以名址数据为核心的精准媒介，它通过对海量数据的分析、挖掘，筛选出针对性强的名址数据，并通过信函形式将信息传递给目标客户，实现一对一的沟通。同时它具有针对性强、保密性好、效果持久、成本低廉等特点，是企业拓展市场的一种有效方式

很多人认为地面推广无非就是发传单，其实宣传方式不仅仅只有发传单，还有做广告牌和名片推广等。这类其实门槛非常低、效率也非常高，无数公司用橙子换用户，用一支笔换用户，一天几千几万个用户就到手了。也不要小看发传单，美团、饿了么就都发过传单，请几个漂亮小姑娘发传单，送礼品换关注，效果更加明显。

相比于上述门槛比较低的地面推广，商务合作则属于"高级地推"。所谓商务合作，即通过商务合作的方式借力其他公司的资源快速获取市场的认可以及获取用户，省力省心。缺点就是，很多创业公司或者小品牌不一定具备很好的资源，或者不一定会加强在这方面的战略，比如招个强悍的BD，可能手中就握着大把的商务资源,单枪匹马当万夫之勇。其实很多创业团队很聪明,拉一个 BD 或者具有一定资源背景的合伙人,拿股份换资源,合作共赢,也是一个妙招。

无论是"高级地推"还是"低级地推",地面推广活动是很讲究方法的,因为方法决定结果。下面的方法在推广活动中颇有显著,如表 3 - 14 所示。

表 3 - 14 地面推广活动方法

序 号	实施细则
1	做活动一定要有声势,让人看起来很正规,不是忽悠人
2	免费的东西送给客户不一定要价值,只有超值的东西才有吸引力。尤其要抓住精准客户群的消费需求,为不同企业选购会吸引客户的礼品,才能达到有效宣传的最大化
3	活动一定要有趣、吸引人,人们往往希望通过自己的努力或运气得到好处,天上无端掉的馅饼捡都不敢捡,所以在宣传模式上还是要花一定的心思
4	可以做抽奖模式活动,奖品一定要有诱惑力,能够吸引客户到抽奖活动中来,每个人都会希望自己能够有好运气,并且坚定不移地相信自己有这个机会

上面介绍的地面推广渠道策略都是针对内地的,但目前海外市场也很美,也需要有地面推广的内容。下面就以 2014 年 12 月发行的《酋长萨尔》(中国台湾市场命名《部落远征》)为例,对该产品在中国台湾地区的推广进行全面剖析,希望能给大家提供参考。该产品目前成绩表现较好,上线 1 月有余,就荣登 Google Play 付费和免费双榜第一,APP Store 付费榜第三和免费榜第四,成为深受当地玩家好评的手游之一。

《酋长萨尔》在中国台湾地区的推广分为上线前 1 周至 2 周的预热期、上线后 1 周至 2 周和上线 2 周以后的上线期 3 个阶段。

《酋长萨尔》在上线前 1 周至 2 周的预热期主要是利用网络来推广。在正式上线前夕,《酋长萨尔》的热酷团队根据当地用户的喜好,在产品视觉和文字处理上进行了再包装。在预热推广上,《酋长萨尔》重点在台湾游戏网、Nicegame、2000FUN 等游戏媒体通过新闻告知、玩法特色介绍、活动详情的方式全面扩散产品信息，此外在 Facebook、游戏论坛也进行了大规模的产品视觉广告植入和游戏视频传播，同时还组织了多次 FB 活动并向玩家免费赠送虚拟宝物，为游戏正式上线聚集人气，如图 3－5 所示。

图3－5　《酋长萨尔》台湾地区电视广告画面

上线后 1 周至 2 周，《酋长萨尔》的推广策略是广告论坛并进，渠道下沉充分互动。游戏上线后，除了网络新闻的持续曝光外，《酋长萨尔》为玩家专门建立了游戏官方论坛，提供游戏的最新消息、定期举办游戏活动，在论坛中，玩家也对游戏提出了大量改进建议和问题反馈，为游戏的后续优化提供了大量依据。另外，配合 Google Play 榜单优化，提升游戏在榜单内的露出频率。

在游戏刚进入榜单前 20 的时候，热酷选择以电视广告的方式进一步增大产品曝光，并将推广渠道全面下沉至 Facebook、台湾雅虎、巴哈姆特（游戏论坛）等社交媒体，通过发起游戏话题来吸引玩家参与讨论，从而增强产品传播的广度和深度，与玩家形成良好的互动。

上线 2 周以后，《酋长萨尔》由线上至线下，跨界行销热点扩散。游戏上线第 2 周后，热酷开始采取不同形式的地面推广，将热点由线上扩散至线下，比如地铁站、户外公车月台和车体广告、线下活动等，如图 3 - 6 所示。

图 3 - 6 《酋长萨尔》台湾地区车体广告画面

在 2014 年台北世贸电玩资讯展上，热酷游戏与奇纬光电进行跨界合作，将《酋长萨尔》经典英雄人物形象植入进了 S - BOX 展示机，玩家只需将与英雄合照的照片，贴在个人的 Facebook 涂鸦墙上，就会为玩家提供线上虚拟宝物，如图 3 - 7 所示。

图 3 - 7 《酋长萨尔》S - BOX 植入画面

此外，热酷还邀请了台湾电玩人气实况主播"洁哥"和"凤梨妹"共同与玩家度过周末夜，这样充满当地特色的互动行销模式，无疑进一步加深了《酋长萨尔》的产品印记。

从《酋长萨尔》在中国台湾地区的发行中不难看出，一款产品在海外市场的成功与否不仅要在产品品质上具有保障，同时后续的运营宣传、渠道推广也是产品成功发行的关键。通过中国台湾市场这个窗口，《酋长萨尔》不仅获得了海外市场的检验，也通过多角度、多层次的产品推广塑造了独特的产品标签，为当地玩家创造了高品质的娱乐体验，成为又一个中国手游走向海外的成功案例。

作为线下的推广方式，地面推广费用低廉、效果显著，是线上推广的有力补充，线下与线上二者有机结合，可使宣传效力倍增。推广方式很辛苦，所以并不是很多公司都会愿意去尝试，即使效果很明显。而推广过程中的一些小的细节对效果的影响也是非常明显的，比如递传单时的一个微笑、送礼品时的一句感谢等。所谓"世上无难事，只怕有心人"，做地面推广就怕"认真"二字，只要是认真就没有攻不下的山头，关键是推广团队如何，团队成员要朝一个方向用力。

3. 手机端开发策略

移动与互联网日益整合，Web 2.0 业务风靡全球，手机正成为新的互联网接入工具，越来越多企业围绕各主流业务纷纷走上移动互联网产品发展道路。而手机客户端（以下简称 APP）作为移动互联网时代的特色产品，正在席卷全球，只要在能用智能手机的地方，你都能自由地安装 APP。就像互联网网站一样，APP 现在已经分散到了全世界。

APP 推广渠道对 APP 的运营和推广尤为重要，因此在确定 APP 营销方案之前熟悉 APP 推广渠道可以事半功倍。下面的这十大 APP 渠道推广的方法可供大家借鉴，如表 3 – 15 所示。

表 3 – 15　APP 渠道推广的方法

方　法	实施细则
应用商店或应用推荐网站应用商店	即通过开发者平台上传应用，这些平台包括硬件开发商（APP Store, Ovi）、软件开发商（Android Market, Windows Mobile Market Place）、网络运营商（移动 MM，天翼空间，沃商店）、独立商店（安卓市场，Open Feint），以及一些 B2C 应用平台（Amazon Android APP Store）。目前国内几大应用市场：硬件开发商商店有联想应用商店、智汇云（华为）；网络运营商有移动 MM、电信天翼空间、联通沃商店；独立商店有安卓市场、安智市场、机锋市场、爱米软件商店、优亿市场、掌上应用汇、N 多市场等
线下预装	怎么样才能让自己的产品成为手机的原始配套应用？那就是你自己掏钱给手机厂商或者运营商。虽然这笔费用很高，但这种预装手段对应用销售来说却是"极其管用的方式"。这种渠道方式移动广告联盟也可以完成。每 8～10 款应用中，仅有 1 款应用可以获得预装资格。即使你预装的只是一个应用样本，后面的付费转化率也会很高。这种付费转化率高达 25%
内容营销	提高应用的媒体曝光率，尤其要注意选择那些具有权威性应用的移动互联网媒体。多数人低估了公共关系的作用，在你想吸引用户时，这一点尤为重要，开发商很有必要配备一名公关人员。另外，让相关应用消息首先在网络曝光，然后通过新浪科技、腾讯科技等这样的平台发布软文，提高用户口碑增加宣传力度
网络广告	网络广告对推动流量、提高知名度都很有效。广告分为以下几种：一是 PC 网络广告，如硬广告、富媒体广告、搜索广告等。二是移动广告：最早比较知名的是 google Adwords 的移动版，但是之前一直受限于移动网络的发展，随后 google 收购 Admob，从而开始了移动手机网络广告，当然我们应该还看到的是 Apple 的 iAD 迅猛的发展。国内做的移动广告平台也很好，应用可以通过应用使用形成的网络里面去进行推广，这样的好处是，精准匹配用户群。付费方式可以按照 CPM、CPC、CPA 进行付费
免费发放应用	对应用产品进行限时免费促销同样是行之有效的手段，让开发商供应无广告、无注册要求或其他附加条件的高级应用在某一特定时段，将这些应用无偿供应给网站访问者，通过在线广告收回成本
互联网开放平台	不要小瞧了开放平台！将你成熟的 APP 应用提交到互联网开放平台享受海量用户，如腾讯开放平台、360 开放平台、百度开放平台、开心网开放平台、人人网开放平台等，能给你的用户增加不同角度的体验

方 法	实施细则
网络版手机应用	创造一款手机应用网络版,有利于打开智能手机平台之外的产品销路。将移动互联通和 WEB 渠道进行融合
付费广告	打广告是需要花大价钱,尤其是那些非高峰期的本地电视节目时段、知名的互联网平台,流量超大的门户网站。这种方法可能不一定很有效,不过观众都已经受够了之前在电视媒体播出的大量手机铃声、壁纸之类让大家掏钱的广告。但是混个眼熟的效果是会让你意想不到的,这也是为什么目前为止无论是传统媒体还是新媒体的收入来源盈利模式大部门离不开广告的原因,用户每天都能看到那个广告,潜移默化中形成了品牌效应
网络病毒视频推广	视频很重要的,看看凡客、梦芭莎之类,他们不间断地在视频网站上投放广告。而且视频能传达的信息是文字和图片无法替代的,来一段应用的酷炫展示视频,一旦被那些宅男宅女们捕捉到,你就省去了一大笔投放广告的钱。他们会帮你传播的。也不用多大的前期投入后期制作与业镜头片段剪辑,弄个 DV,边玩边拍边讲解,但是画质和音质起码要保证清楚。把标题和 Tag 都尽量选得好一点,最好做一些 SEO。另外,增加二维码线下推广也是一种不错的方式
微博营销	玩微博的,依然大有人在!微博是所有能近距离沟通大量用户的最佳方式。同时微博的影响力也是不容小觑的。所以,给你的应用注册个微博账号,同时留心那些微博上的意见领袖、话题制造者、评测网站之类的账号,尽量和他们取得联系。充分利用这个平台和用户产生互动增加用户黏性,让你的 APP 更受欢迎

4. 如何做渠道促销

渠道促销是生产厂家或经销商在产品流通的环节中,对下一级经销商进行的激励政策。为使产品尽快进入市场,产品的营销沟通除以提升知名度的品牌广告或公关活动外,开展渠道的促销也是十分必要的。要做好渠道促销,需要遵循渠道促销的基本原则,把握渠道促销的具体方向。

渠道促销需要遵循的基本原则包括以下几项,如表 3-16 所示。

表 3 – 16　渠道促销基本原则

基本原则	实施细则
产品差异化原则	企业的渠道促销资源一般而言应重点用在明星产品推广、新品推广上，也就是把握好重点产品重点支持的原则。企业的流量型产品与防火墙产品无须做渠道促销（主要是阻击竞争对手的产品）同时，产品有生命周期（导入期—成长期—成熟期—衰退期）。渠道促销的着重点应当放在产品的导入期与衰退期上。导入期是希望新品尽快达到渠道有效的覆盖率与新品的终端成交率，回笼生产与研发的资金。而衰退期是希望尽快优化库存结构，为新品上市扫清障碍，快速回笼资金
用途差异化原则	渠道促销可以分成两大类即销售型促销与市场型促销。对于不同的市场问题与企业不同的目的，渠道促销应当体现用途的差异化
客户差异化原则	即重点客户重点支持，根据"二八原则"，企业 20% 的客户占有企业 80% 的销售与利润来源。而另外 80% 的客户却只占企业 20% 的销售额与利润额。不过就以往的数据统计，这个数据并不准确，只能说它代表一种趋势。实际观察到的数据更倾向于"三七原则"，即企业 30% 的客户占有企业 70% 的销售与利润来源。而另外 70% 的客户却只占企业 30% 的销售额与利润额。所以渠道促销的资源投入上也应当遵循此原则，即 70% 的渠道促销资源投放在 30% 的金牌客户
市场差异化原则	重点市场重点支持，以体现资源向不同市场倾斜的策略。渠道促销资源的投放，根据不同的市场实际情况，有针对性地投入不同的资源与不同渠道促销的方式。关于市场划分，最常见的是纵向划分法与横向划分法。纵向划分法是常说的一级市场（省会或中心城市）、二级市场（地级市）、三级市场（县级市场）、四级市场（乡镇市场）横向划分法的方法较多，常见的参考指标包括：当地市场的 GDB、消费指数、购买力、户籍数、产品保有率等。（这些数据来源可见国家统计局发布的数据或行业协会发布的有偿信息）有意思的是，世界上某些国家掌握的我们国内的数据比我们自己还要全面真实，于是很多外资企业进入国内市场的数据都是向本国机构购买
时间差异化原则	结合淡旺季，合理分配渠道促销的资源。具体到每个月为单位均可以体现时间差异化原则。比如，多数企业的多数经销商都有月末打款冲刺以完成月度任务的习惯。这种现象的弊端是显而易见的：一是使企业无法合理作好销售预测；二是给企业产销衔接带来了困难；三是加大的经销商自身的库存。所以渠道促销的使用上，可以采取时间差异化的原则。比如经销商任务完成进度与返利多少挂钩。任务完成进度越快，返利额度越高。月末最后一天完成任务可以设置返利为零

渠道促销的具体方向有三个：一是销售型促销与市场型促销有机结合，

二是结合新品推广进行促销，三是结合库存促销。把握住这三个方向，是赢得渠道促销的重中之重。

先来看第一个方向：销售型促销与市场型促销有机结合起来。

销售型促销与市场型促销主要按目的、手段、结果来区分（有时二者也难以严格界定）一般来说，销售型促销以完成销售额为唯一目的，以渠道奖励为唯一手段，以增大经销商库存为最终结果，短期行为明显。而市场型促销以完成销售额为最终目的（不是唯一目的），以市场的管理工作、广告投入、培训导购、终端建设、卖场活性化、现场促销、市场研究等为手段，以市场的良性健康发展为结果。长期效果显著。真正的营销高手总是根据市场的实际情况活用两者。在市场良性发展的情况下，当以完成任务，增大经销商库存为主要目的时，一般会倾向于选择销售型促销。而市场基础较差，任务压力不大，经销商库存又较大时，聪明的营销人员就选择市场型促销。但市场如战场，变化与不可测因素较多，企业对营销人员的要求往往既要完成任务，又要市场良性发展。所以真正的营销高手在设计渠道促销时往往是将销售型促销与市场型促销捆绑在一起。至于两者之间谁主谁次、谁轻谁重。那就看当时的市场环境而言了。

"销售型促销"主要包括以下几种手段与方法，如表3-17所示。

表3-17　"销售型促销"的手段与方法

方　法	实施细则
台阶返利	根据市场的经销商实力，在分析经销商可能完成任务的基础上，合理调协渠道奖励的额度的梯级。一般作台阶返利要求办事处经理对每个经销商的经营状况相当熟悉。这样设置的台阶才有吸引力。不至于轻松易得或高不可攀
限期发货奖励	一般来说，经销商都喜欢月末最后几天打款发货。对此，企业可以设置限期发货奖励。比如，月度任务完成得越早，奖励额度越高，如果是月末完成则不给奖励
销售竞赛	把经销商分成不同的层级或阵营，针对不同层级设置不同的奖励方式

方　法	实施细则
福利促销	与任务完成率或销售增长率挂钩，优胜者参与企业组织的培训、旅游、出国等福利
实物返利	经销商进货时，按一定比例赠送实物。不过经销商参与实物返利的促销时，企业最好设置不同的台阶，因为市场上不同经销商的实力差距较大
模糊返利	经销商进货时，承诺给予现金或实物返利，但事先并不明确返利的具体形式和比例，到规定的期限后才公布，通常期限以季度或年度为期。由于未定具体的返利比例，渠道不敢靠预先降价的方式来冲量，减少了冲流货及扰乱市场的可能；同时由于有奖励的刺激，可以促使经销商将重点放在做好市场基础工作和配合厂家推广上面，从而调动了积极性
滞货配额	当某产品滞销时，要求经销商在进畅销货时，必须同时进销一定比例的滞销货，以维持公司的整体业绩。此方式只可在旺季使用，且时间要短，配额量要小
新货配额	当有新产品上市时，要求经销商在经销老产品的同时，必须按规定的量进销新产品，以促进新产品迅速进入市场。此方式的使用时机也应当是老产品的销售旺季
阶段奖励	阶段奖励包括季度奖励、年度奖励。对完成年度销售目标的经销商给予现金或实物返利。最好不明确返利的具体比例。对表现出色的经销商奖励现金或汽车、高级家电等重奖。在奖励的同时要宣传成功经销商的业绩和推广模式，以刺激其他经销商的效仿

市场型促销的手段与方法较多，主要有以下几种，如表 3 - 18 所示。

表 3 - 18　市场型促销手段

方　法	实施细则
消费者促销	礼品促销、抽奖促销、以旧换新促销、会员促销、游戏促销、试用促销、积点促销、联合促销、降价促销、限期抢购促销等
市场支持奖励金	将渠道奖励变成给经销商的终端建设投入或区域广告投入或推广活动的投入
终端建设及后期维护投入	经销商建设终端是一笔较大的开支，很多企业的终端建设费由厂家部分或完全负担，不过厂家对经销商终端建设的结算往往和其年度或阶段性任务完成率挂钩。如果厂家期望经销商终端建设的质量与数量达到厂家要求。厂家可以考虑将渠道促销的费用与经销商终端建设的数量与质量进行挂钩。同时，为了避免终端后期管理的马虎，保障终端后期运营的质量，厂家亦可针对经销商终端后期运营的质量进行考评与奖励

方　法	实施细则
培训支持	一般而言，厂家对企业产品的特性卖点、政策、厂家的经营理念、导购技巧较之经销商熟悉，在很多行业特别如陶瓷、照明行业，往往是厂家驱动渠道运作。因此，厂家的理念总是较之经销商快一步。而培训支持是保障经销商与企业经营同步的最好方式之一
人员支持	支持专职导购员或临时导购员，或者给予导购员销售提成方面的支持
广告投入	当地媒体、户外、车体广告等支持

再来看第二个方向：结合新品推广进行促销。

新品上市可能在渠道上面临着几个典型问题：第一，经销商不愿意进货，因为新品的成功销售是有风险的，一不小心就成了企业的滞销品，占有经销商的资金与库存。新品上市的第一个环节就是经销商的说服教育工作。要达成经销商进货，无非是晓之以理、诱之以利。因此，这个时候进行新品推广时渠道促销往往会采取经销商新品推荐会＋销售返利一起联运的策略。第二，新品上市面临着有效的出样率与有效的网点覆盖率。有效的出样率保障单店绩效。有效的网点覆盖率保障新品与目标消费者接触率。所以，新品渠道促销的政策可以从两方面入手，即通过政策激励代理商（批发商）保障新品的网点覆盖率。通过政策激励分销商在终端网点的有效出样率及出样位置。

一般来说，企业的最主要的相对利润主要还是新品，不管是经销商还是厂家，经营企业新品的利润总是远高于老品。为什么这样说呢？因为老品在市场流通久了，价格也相对透明，同时由于竞争对手的跟进与模仿，必然造成老品的价格利润空间被压缩。由于市场的透明化与竞争对手的模仿抄袭，老品的竞争力已大不如从前，维持老品生存的常见手段只能是不断降价。而企业的新品则不同，企业开发新品总是针对市场与竞争对手的空隙，理论上讲其技术与竞争力都高于老品。而且新品刚进入市场，价格不透明、信息不透明。无论是渠道还是厂家都可维持较高的利润。

在中国这个生产制造为主体的竞争性市场，产品的技术含量是普遍较低的，竞争对手的跟进与模仿速度非常之快，在价格战不可避免且必然压缩企业的产品利润空间的情况下，企业唯有不断地加快新品的流量与流速方能保持市场的利润空间。

渠道促销在新品投放市场后，可以制定相应的渠道奖励政策以打通渠道与终端的各个环节。比如制定经销商或导购员新品销售提成、竞赛、台阶返利、新品销售贡献奖等。或者赠送畅销产品，在经销商进货时，按一定费用比例赠送市场畅销的其他品牌的产品。此目的在于利用经销商对一定时期内市面上畅销产品的关注来带动本品牌的销售，因为经销商能得到意外的收获，不但能赚钱，而且还能借此对批发商进行笼络。

最后来看第三个方向：结合库存促销。

一般而言，企业的新品销售占比越高，企业的相对利润空间就越大。但企业都不可避免地会有老品与滞销品的存在。有老品并不可怕，只要老品还是畅销品。但滞销品的存在却占有企业与经销商的资金与库存。削弱了企业与渠道的竞争力。要合理规避滞销品的存在，是一个系统的问题，包括产品研发环节的问题、市场研究的问题、库存管理的问题、营销层面的问题等。但滞销品成为事实的时候，企业如何应对呢？

渠道促销对于消化滞销品有以下常见的几种方法，如表 3 - 19 所示。

表 3 - 19 滞销品渠道促销方法

方　法	实施细则
选择时机	即根据滞销品的库存数量选择合适的时机与方法进行渠道促销。当某产品滞销时，在经销商进货时，必须同时进销一定比例的滞销货，以维持公司的整体业绩。此方式只可在旺季使用，且时间要短，配额量要小

方 法	实施细则
政策补差	即老品降价对经销商政策补差的方法。公司在相距很近的时间内，接连采取比上次比例要高的返利政策，使得先进货的经销商比较吃亏，因此将两次返利之间的差额补足给经销商。此方式主要用于推出新产品或快速消化库存的阶段，但要做好对经销商的说服解释工作，取得他们的理解和支持，否则要引发不满，影响后期工作的开展
消库补差	为尽快消化库存，要求经销商对库存产品采取返利政策，库存消化以后再向经销商补足返利的差额。实施时要协助经销商制定促销政策，并督促其执行

以渠道促销消化老品、滞销品而采取降价补差的方法是企业较为常见的手段。不过，库存补差最容易导致的问题就是经销商虚报库存，而核实经销商老品数量与金额是一件看上去容易实际上却非常困难的事情。因为一般厂家的管理能力都无法完全掌握每一个经销商、每一个品类的进销存数据。虽然现在很多厂家都在做经销商产品进销存的管理，但都缺乏科学有效的工具与持之以恒的执行力。所以数据的含水量较高。

总的来说，成功的渠道促销，主要做好两点，一是针对渠道中的品牌竞争，做到快速、准确、高效，打好阶段速决战；二是针对产品做好深度分销，摒弃政策万能的观念，促要促到实处、做好市场基础工作，打好市场持久战。一句话，策略当先，坚持定位，高效行动，做到处处有销，处处旺销！

五、促销策略

促销策略是市场营销组合的基本策略之一。促销策略是指企业如何通过人员推销、广告、公共关系和营业推广等各种促销方式，向消费者或用户传递产品信息，引起他们的注意和兴趣，激发他们的购买欲望和购买行为，以达到扩大销售的目的。

一个好的促销策略往往能起到多方面作用，如提供信息情况，及时引导采购；激发购买欲望，扩大产品需求；突出产品特点，建立产品形象；维持市场份额，巩固市场地位等。为此，我们需要考虑影响促销方案制定的因素，建立促销信息预警系统，讲究促销战术技巧的应用，在此基础上，制定员工促销激励方案和对客户的促销方案。

1. 影响促销方案制定的因素

要想使促销顺利进行并取得预期效果，制定的促销方案必须具有可行性和实效性。为此，需要考虑影响促销方案制定的因素。

影响制定促销方案的因素主要有以下几个，如表 3-21 所示。

表 3-20　影响制定促销方案的因素

因　素	含　义
明确促销目标	凡是做促销，都是为了达到一些目标，或推广新品，或促进销量，或打击竞品，或消化库存。这都是我们促销的目标，所以要考虑的是促销目标，这是促销方案的纲。促销方案的一切策略和方法都是围绕着目标来进行的。不可犯为促销而促销的毛病
考虑促销对象的可接受性	我们必须明白，我们促销对象的接受能力、他们的想法、促销好处对他们的吸引力，这些都是在制定促销的时候必须要考虑的因素。很多人制定促销都是想当然，自己在办公室里制定出来，然后让下面执行，往往是有方案没效果，对象的可接受性没有，从而犯主观主义错误。在这方面，需要调查的有客户库存、市场销售情况、竞争对手情况等
促销沟通与执行	当促销方案制定出来的时候，我们要与促销执行者进行沟通，讲清楚促销的目标、对象、手段、任务等，使员工对促销有一个全面系统的认识。这样才能保证执行到位。如果没有促销前的沟通，一般情况下，促销执行效果会千奇百怪，浪费精力和时间资源，却不会取到很好的效果

因 素	含 义
考虑到全程监督	即使我们给执行者讲清楚了促销的目标、方法、手段、对象，也是会遇到很多其他问题，这时候我们要全程监督。要通过开会的形式总结执行的过程和效果，要抽查执行的情况，还要找问题、分析问题、解决问题，使执行的效果变得最佳
考虑到效果激励	对于做得好的促销人员，我们要表扬，要给予物质奖励；对于做得不好的促销人员，我们要给予批评，要进行指导，必要的话做进一步培训。我们要总结促销过程，总结其中存在的问题，为下一次促销提供依据和方法

总之，制定促销方案应从行业研究入手，充分地分析行业竞争的根本，并根据自身实力，制定有效的促销方案，注重"推力"和"拉力"的协调配合，顺应消费者需求和渠道自然力量，以最少的投入取得更大的促销效果。

2. 建立促销信息预警系统

很多时候，一个战役的胜利不是集中在单一两军对垒的时候，而是战争前的预警系统。对促销战来说也是如此，要建立准确、快捷的促销竞争信息系统，及时发现竞争对手的促销动向。越早发现，越可以提早采取措施，结果就会越主动。

构建促销竞争的信息预警系统，可以从以下几个方面着手，如表3–21所示。

表3–21 促销竞争信息预警系统构建方式

方 式	含 义
收集对手内部情报	竞争对手如果要发动促销活动，一定会提前进行促销筹备工作。因此，其企业内部相关的销售部、市场部肯定会提早进行准备工作。所以，一定要跟竞争对手的内部人员或其下家客户建立良好的关系，经常进行沟通，以此建立促销竞争信息的反馈系统

续表

方　式	含　义
关注经销商的动向	竞争对手做活动，其合作伙伴及渠道商肯定会得到活动通知，或者接受了促销活动的培训。事实上，一些渠道商此时都是"会哭的孩子"——抢夺资源，这样才会"有奶吃"。因此，一些信息很容易被透露出来
了解终端细节动态	针对渠道促销，主要是着力于鼓励、拉动渠道和终端的进货量。因此，通过渠道和终端的提货量就可以略知一二
留意终端店面变化	针对消费者促销，主要是推动消费者购买。因此，一定会在店内使用宣传物料，而宣传物料就是了解竞争对手的消费者促销活动方式的最佳途径。实际上，竞争对手的所有行动绝对不会无声无息的，一定会在渠道、终端上有所表现，只要平时留心，就很容易掌握其端倪
维护促销员的关系	促销员是促销活动的一线执行者，他们掌握着很多有价值的信息。所以，主动接触竞争对手的促销人员，可以打探出其公司短期内的促销活动安排状况
熟知媒体及广告公司	许多大型的促销活动往往要配合媒体的宣传，按照常规，无论是电视还是报纸的宣传计划，都得提前申报安排。那么，在竞争对手进行相关的广告宣传案上报过程中，其代理广告公司和媒体的广告部门就能获知相关信息
打探物流公司的业务	竞争品牌在当地无论是直营还是交给经销商做，仓储、运输、装卸等物流环节都必不可少，而一般仓储运输公司不会在意对客户储运量数据的保密，有的甚至就挂在办公室里，通过他们也能获知竞争对手要进行促销活动
分析文印店的信息	许多企业的驻外分支机构基本都会有定点的文印店。为节省时间，量较大的打印、复印工作，或是复杂一些的图形表格制作，都会拿到这些文印店来做，提前稍作安排，获取资料就易如反掌。需要注意的是，对收集上来信息一定要进行专业分析。有促销活动管理经验的专业人员能够根据各方面反馈的信息，推测竞争对手的促销活动策略，判断促销活动的主要内容（包括时间、范围、促销产品、促销方式、大致预算等），从而形成基本应对策略

3. 讲究促销战术技巧的应用

促销活动之所以被人们看好，得益于它的最后效果，企业乐意为立竿见影的效果付出。作为一种战术性的营销工具，促销是利益驱动购买、追求结果的销售行为。因此，在实战中不是简单地硬打硬拼，而要讲究战术技巧的应用。

　　总结许多成功促销的经验，得出以下十三项促销战术技巧，它们都具有实战意义，如表3－22所示。

表3－22　成功促销战术技巧

技　巧	实　施
借势打力	借助竞争对手的某种力量，通过一定的策略化用到自己手中。这就像《笑傲江湖》中的吸星大法，在对手出招的时候，一定想办法把对方的优势转变成自己的优势。比如，利脑是一个地方性品牌，高考期临近，在脑白金、脑轻松等知名补脑品牌纷纷展开效果促销并请一些人现身实地说法时，利脑就掀起了"服用无效不付余款"的促销旋风。利脑作为实力弱小的品牌，在广告上无法跟大品牌打拼，而在促销上也无法进行更强大的投入。因此，只有在跟进促销中借力打力，采取"服用1个月，成绩不提升，不付余款"的活动。这一下，因为跟大品牌在一起，并采取了特殊策略，于是就有效地解决了消费者的信任问题，也提升了知名度
击其软肋	在与竞争对手开战前，一定要做到"知己知彼"，这样才能决胜千里。实际上，竞争对手无论怎么投入资源，在整个渠道链条上都会有薄弱部分。比如，在渠道上投入过大，于是终端的投入就往往不够，如果在终端投入多了，在渠道就往往会投入少了。再如，当面临中国区域的时候，可能会在某些区域市场不具有优势，这些都是很好的攻击机会。比如，在摩托罗拉为自己的新品大打广告的时候，某些国产手机则迅速组织终端拦截，在拦截中，也大打新品的招牌，并且低价进入，以此将竞争对手吸引到零售店的顾客牵引一部分到自己的柜台、专区。在竞争对手忽略终端执行的时候，这种模式是最有效的
寻找差异	有时候硬打是不行的，要学会进行差异化进攻。比如，竞争对手采取价格战，就进行赠品战；竞争对手进行抽奖战，就进行买赠战。可口可乐公司的"酷儿"产品在北京上市时，由于产品定位是带有神秘配方的5～12岁小孩喝的果汁，价格定位也比果汁饮料市场领导品牌高20%。当时，市场竞争十分激烈，很多企业都大打降价牌。最终，可口可乐公司走出了促销创新的新路子：既然"酷儿"上市走的是"角色行销"的方式，那人们就来一个"角色促销"。于是，"酷儿"玩偶进课堂派送"酷儿"饮料和文具盒、买"酷儿"饮料赠送"酷儿"玩偶、在麦当劳吃儿童乐园套餐送"酷儿"饮料和礼品、"酷儿"幸运树抽奖、"酷儿"脸谱收集，如此等等，花样翻新，层出不穷

技 巧	实 施
及早出击	有时候，对手比人们强大许多，他们的促销强度自然也比人们强大。此时，人们最好的应对方法是提前做促销，令消费者的需求提前得到满足，当对手的促销开展之时，消费者已经毫无兴趣。比如，A 公司准备上一个新的洗衣粉产品，并针对 B 品牌策划了一系列的产品上市促销攻势。B 公司虽然不知道 A 公司到底会采用什么样的方法，但知道自己实力无法与之抗衡。于是，在 A 产品上市前一个月，B 公司开始了疯狂的促销——推出了大包装，并且买二送一、买三送二，低价格俘虏了绝大多数家庭主妇。当 A 品牌产品正式上市后，由于主妇们已经储备了大量的 B 品牌产品，所以 A 品牌产品放在货架上几乎无人问津。另外，针对竞争对手的惯用手法，也可以提前采取行动，最好的防守就是进攻
针锋相对	即针对竞争对手的策略发起进攻。比如，1999~2001 年，某著名花生油品牌大量印发宣传品，声称其主要竞争对手的色拉油产品没营养、没风味，好看不好吃。2004 年，该品牌又改变宣传主题，说竞争对手的色拉油原料在生产过程中用汽油浸泡过，以达到攻击竞争对手，提升自己销量的目的
搭乘顺风车	很多时候，当人们明知对手即将运用某种借势的促销手段时，由于各种条件限制，人们无法对其打压，也无法照样进行，但由于其可预期有效，如果不跟进，便会失去机会。此时，最好的办法就是搭乘顺风车。比如，阿迪达斯曾全方位赞助世界杯，而耐克则另辟蹊径，针对网络用户中占很大部分的青少年（耐克的潜在客户），选择与谷歌合作，创建了世界首个足球迷的社群网站，让足球发烧友在这个网络平台上一起交流他们喜欢的球员和球队，观看并下载比赛录像短片、信息、耐克明星运动员的广告等。数百万人登记成为注册会员，德国世界杯成为独属于耐克品牌的名副其实的"网络世界杯"
高唱反调	消费者心智是很易转变的。因此，当对手促销做得非常有效，而人们却无法跟进、打压时，那么最好就要高唱反调，将消费者的心智扭转回来，至少也要扰乱他们，从而达到削弱对手的促销效果。比如，2001 年，格兰仕启动了一项旨在"清理门户"的降价策略，将一款畅销微波炉的零售价格大幅降至 299 元，矛头直指美的。6 个月之后，格兰仕将国内高档主流畅销机型"黑金刚系列"全线降价。同时，美的也开展了火药味十足的活动，向各大报社传真了一份"关于某厂家推出 300 元以下的微波炉的回应"材料，认为格兰仕"虚假言论误导消费者"，美的要"严斥恶意炒作行为"；2001 年，美的还隆重推出了"破格（格兰仕）行动"

技 巧	实 施
百上加斤	所谓"百上加斤"即是在对手的促销幅度上加大一点，比如对手降低 3 折，人们就降低 5 折，对手逢 100 送 10，人们就逢 80 送 10。在很多时候，消费者可能就会因多一点点的优惠，而改变购买意愿。比如，某瓶装水公司举行了"进一箱（12 瓶）水送 5 包餐巾纸"的活动。开始的 2 个星期，活动在传统渠道（终端零售小店）取得了很大的成功。对此，另一家饮料公司则加大了促销力度。推出了"买水得美钻"的活动。即促销时间内将赠送 100 颗美钻，价值 5600 元/颗。采取抽奖方式，确定获得者。另外，在促销时间内，每购买 2 箱水，价值 100 元，可以获得价值 800 元的美钻购买代金券，在指定珠宝行购买美钻，并承诺中奖率高达 60% 以上。最终，促销结果火得出奇
错峰促销	有时候，针对竞争对手的促销，完全可以避其锋芒，根据情景、目标顾客等的不同相应的进行促销策划，系统思考。比如，古井贡开展针对升学的"金榜题名时，美酒敬父母，美酒敬恩师"；针对老干部的"美酒一杯敬功臣"；针对结婚的"免费送丰田花车"等一系列促销活动，取得了较好的效果
整合应对	整合应对就是与互补品合作联合促销，以此达到最大化的效果，并超越竞争对手的声音。比如，看房即送福利彩票、小心中取百万大奖。又如，方正电脑同伊利牛奶和可口可乐的联合促销，海尔冰吧与新天地葡萄酒联合进行的社区、酒店促销推广。在促销过程中要善于"借道"，一方面要培育多种不同的合作方式，如可口可乐与网吧、麦当劳、迪尼斯公园等的合作，天然气与房地产开发商的合作，家电与房地产的合作等；另一方面要借助专业性的大卖场和知名连锁企业，先抢占终端，然后逐步形成对终端的控制力
连环促销	若能保证促销环节的联动性就能保证促销的效果，同时也容易把竞争对手打压下去。实际上，促销活动一般有三方参加：顾客、经销商和业务员。如果将业务员的引力、经销商的推力、活动现场对顾客的拉力三种力量连动起来，就能实现购买吸引力，并最大限度地提升销量。比如，某公司活动的主题是"减肥有礼！三重大奖等您拿"，奖品从数码相机到保健凉席，设一、二、三等奖和顾客参与奖。凡是购买减肥产品达一个疗程的均可获赠刮刮卡奖票一张。没刮中大奖的顾客如果在刮刮卡附联填写好顾客的姓名、电话、年龄、体重、用药基本情况等个人资料寄到公司或者留在药店收银台，在一个月活动结束后还可参加二次抽奖。奖品设 34 英寸彩电到随身听等一、二、三等奖。如果年龄在 18~28 岁的年轻女性将本人艺术照片连同购药发票一同寄到公司促销活动组，可参加公司与晚报联合举办的佳丽评选活动（该活动为本次促销活动的后续促销活动）。这次活动的顾客参与度高、活动周期长、活动程序复杂，一下子把竞争对手单一的买一送一活动打压了下去

技　巧	实　施
善用波谷	某纯果汁 A 品牌就针对竞争对手的活动进行了反击，推出了一个大型的消费积分累计赠物促销（按不同消费金额给予不同赠品奖励）。活动后没几天就受到竞争对手 B 更大力度的同类型促销反击。A 的促销活动原定是 4 周，见到竞品有如此强大的反击，便立即停止了促销活动。一周之后，A 的促销活动又重新开始了。但形式却变成了"捆绑买赠"。结果，虽然竞争品花了巨大的代价来阻击 A 产品的促销，但 A 产品依然在接下来的 1 个月里取得了不俗的销售业绩
促销创新	创新是促销制胜的法宝。实际上，即使是一次普通的价格促销，也可以组合出各种不同的玩法，达到相应的促销目的，这才是创新促销的魅力所在。比如，统一"鲜橙多"为了配合其品牌核心内涵"多喝多漂亮"而推出的一系列促销组合，不但完成了销售促进，同时亦达到了品牌与消费者有效沟通、建立品牌忠诚的目的。统一结合品牌定位与目标消费者的特点，开展了一系列的与"漂亮"有关的促销活动，以加深消费者对品牌的理解。比如统一在不同的区域市场就推出了"统一鲜橙多 TV - GIRL 选拔赛"、"统一鲜橙多阳光女孩"及"阳光频率统一鲜橙多闪亮 DJ 大挑战"等活动，极大地提高了产品在主要消费人群中的知名度与美誉度，促进了终端消费的形成，扫除了终端消费与识别的障碍

4. 制定员工促销激励方案

现在很多品牌在做大型促销活动的时候，均进行了动员与激励环节，以期望最大限度地调动活动参与人员的积极性，提高活动的效果和销售量，大量的事实也证明好的激励方案对活动的成功开展的确起到了积极的作用，虽然值得肯定，但是也出现了不少"无效激励"的现象，需要进行改良。问题的关键是激励机制如何制定才能真正实现激发个人和团队斗志，提高团队协同作战能力、营造良好的现场氛围、提高活动当天销量等，而不至于出现激励后遗症，这是管理者在制定激励方案的时候需要仔细斟酌和考量的。

激励按性质划分，一般分为正激励与负激励两种；按方式划分，一般分为物质奖励与精神奖励两种；按形式划分，一般分为团队激励与个人激励两种；按周期划分，一般分为短期激励与长期激励两种等，形式多种多样，在此就不一一阐述了，总之研究它的划分方法主要是为了让我们在制定激励方案的时候更加合理，最大限度地发挥激励的作用。

在制定员工促销激励方案时，须综合考虑目标可实现性、团队氛围、个人接单能力、活动力度（与自己以往比、与对手比）、活动宣传面、活动开展时间（淡季还是旺季）、以往所采用过的方式方法等因素，同时切忌简单地复制商场的激励方案，否则，就会出现有激励无动力的局面，达不到激励的目的。总体目标的制定建议分三级设置：确保级（及格线）、力争级（成功线）、冲击级（非常成功线），这样的好处是可望又可即。如保 60 单、争 80 单、冲 100 单，再设置相应的奖励。团队目标和个人目标的设定上，同样也采用三级设置，这样的好处是能将总目标分解到具体的每个人，真正实现千斤重担人人挑，人人头上有指标。

下面，我们通过某商场促销激励实例，来分享其激励措施是如何让员工在促销活动中感觉到开心和充满激情和收获的。

该商场为一次为期 4 天的展会制定了确保 166 单（增长率 40%），力争实现 200 单（增长率 70%），冲击 236 单（增长率 100%）的三级目标（最终实现接单 177 单）。接下来就是将目标分解到人，具体操作为如下十步，如表 3 - 23 所示。

表 3 - 23 目标分解实施步骤

步　骤	实　施
做活动动员并公布活动目标	展会 4 天确保 166 单（增长率 40%），力争实现 200 单（增长率 70%），冲击 236 单（增长率 100%）

续表

步　骤	实　施
公布激励方案	团队完成 200 单总奖金为 9600 元，每天接单量第 1 名奖励 100 元，优胜组长奖励 500 元（必须完成 83 单以上）；完成 236 单，除现金（1.2 万元）奖励外，全体人员丽江双飞 4 日游。现在将 12 个人分成两个小组，具体奖励如下：60 单以上/组，奖励 500 元/组；70 单以上/组，奖励 1000 元/组；80 单以上/组，奖励 1800 元/组；90 单以上/组，奖励 3200 元/组；100 单以上/组，奖励 4800 元/组；120 单以上/组，奖励 5600 元/组
明主投票选举队长	管理者公布组长的任职要求：具有丰富的销售经验、较强的管理能力，且乐于助人。接下来，全体人员开始进行投票（小纸条），推荐队长（2 个名额/人）并现场唱票公布结果，得票前两位的即为队长
队长组队并对组员做动员	队长发表就职演讲，让大家进一步了解他的做法，接下来队长开始交叉选人并组建好各自的小分队，并现场确定队名与口号，并且马上展示团队风采，激发大家的斗志与激情
小组目标分解与激励措施制定	每个小组参照公司的思路，自行对目标进行二次分解（分解到每一天，每一个人）并制定对应激励措施，在此过程中，管理人员须在旁给予指导或纠偏，以确保激励方案的合理性与激励性
立军令状	口说无凭，白纸黑字为证，现场签订军令状以提高其严肃性，同时也是为了给大家一个定心丸
召开组长会议	俗话说"兵熊熊一个，将熊熊一窝"，组长虽然说大家民主是选出来的，但是能否扮演好组长这个角色还很难说，所以管理者不能当甩手掌柜，而是要对其"开小灶"，协助组长厘清思路、制定措施等，做一个称职的"火车头"
每天召开早晚会	早会上，组长公布当天小组目标与个人目标提醒（让每个人自己报出来）。晚会上，组织大家总结当天的工作，找出存在的问题，分享成功的做法等，为大家明天的工作加油打气
活动总结	活动结束后，组织大家对活动的方方面面进行回顾与总结，避免出现的问题重复发生，总结成功的经验为下次成功打下坚实的基础
兑现承诺，犒赏三军	活动结束后 3 天内，管理者要做的就是兑现承诺——召开"员工大会"犒赏三军，做一个一诺千金的管理者

　　该公商场做法的好处就是将个人与团队进行了有机的结合，不仅为个人能力的发挥提供了平台，而且也提高了团队的协同作战能力，同时也让新员

工得到了"培训",并从中感受到了大家庭的温暖,可谓是皆大欢喜。

当然激励的形式与方法多种多样,无论是哪一种,都要结合商场的实际进行,切忌简单的复制,总之,激励方案只要运用得当,就会实现一举多得。

5. 制定对客户的促销方案

某服装店做抽奖促销的活动,热闹非凡,一大早就聚集了熙熙攘攘的人群。活动规则非常明确地写着:"凡是购买本店正价服装满500元的客户,可以参加免费抽奖一次,满1000元参加抽奖三次,购买产品越多抽奖机会越多。"再看奖品设置,"一等奖品牌电热水壶一个;二等奖袜子一双;三等奖本店优惠券50元"。很多客户围着看了看抽奖规则和奖品,就离开了,有的人边走还边说就这奖品太小了。有一些老客户本来打算参加活动的,看完之后,也都没有进店购买。果然,第二天店铺就恢复了往日的宁静,也没有客户来参加抽奖活动。

案例中的服装店之所以促销活动失败,最根本的原因是单纯地从自己店铺经营的角度制定了不符合店铺实际的促销方案,而忽略了客户追求物美价廉的心态和渴望得到实惠的心理需求。从根本上来说,无论使用何种促销手段,一定要以尊重客户为前提,只有满足了客户的需求才能使促销活动为提升业绩服务。

随着市场竞争的日益加剧,各商家越来越重视各种促销手段的运用对销量的提升,新的促销方式也是层出不穷。面对竞争如此激烈的服装市场,如何使促销的手段做到"以人为本",如何使促销的创意有效满足客户的需求,成为各商家要解决的首要问题。因此,在制定和实施促销方案时,客户一定要有心理把握!针对客户心理的促销方法有很多,而且这些都可以设计在客户促销方案中。下面就来看看针对客户心理的促销方法有哪些,如表3-24所示。

表3-24 针对客户心理的促销方法

方 法	实 施
直接降价	指将商品低于正常的定价出售，比如节庆优惠、今日特价等都属于此类。节日优惠，就是利用好新店开业、逢年过节、周年店庆，这些都是降价销售的大好时机。今日特价就是推出每日一款或每周一款的特价品，让客户有机会购买到物美价廉的商品
打折优惠	打折优惠可以在短期内快速拉动销售，增加客户的购买量，具有较强的冲击力和诱惑力，直接打折是在促销中采取的最常见，也是最有效的促销策略。商家可以多策划一些打折的理由，进行打折销售。通常的打折方法有直接打折、折上折、满减等。打折降价促销如果真正做到了物美价廉，很容易能引起"抢购"热潮
抽奖活动	客户有时总想试试自己的运气，所以"抽奖"是一种极有效果的促销活动。设置较好的奖品极易激起消费者参与的兴趣，可对销售产生明显的促进效果。抽奖是各种类型的商品都屡试不爽的促销方式。需要注意的是，参加抽奖活动必须具有明确的资格限制，如购买某特定服装或购买某一商品达到一定的数量，或在店内消费达到固定金额等。另外，抽奖活动的日期、奖品或奖金、参加资格、如何评选、发奖方式等务必标示清楚，且抽奖过程需公开化，以增强消费者的参与热情和信心
奖券和优惠券	客户购物达到一定金额，或者购买特定商品之后，作为奖励送给客户的奖券、优惠券也是一种较好的有奖促销方式。不仅能给客户一定的实惠，还有助于维护老客户。优惠券的使用要注意规定有效期限和购买金额限制。有一些优惠券还可以到相关的单位发放，也可以与其他店铺合作进行联合促销。但是不推荐在大街上随便发放，这样不会引起客户的重视
限购促销	这是一种根据客户"物以稀为贵"的心理进行策划的促销活动。常用的限购促销包括限时抢购、限购一件、限量版等方式。有一个服装店积压了一批货迟迟卖不动，店长无奈之下想出一个"每人限购一件"的促销方式，并且在促销海报上特意注明，"如需两件必须找店长批准"。结果这批货在几天之内就被抢购一空。这个服装店店长就是抓住了客户"物以稀为贵"的心理特点
主题活动促销	是指具有特定目的或是专案性的促销计划，最常使用在店铺开业、周年庆、社会特定事件以及商圈活动中。主题促销的应用忌频繁使用同一主题，同时要注意活动的创新性和丰富性。适当地组织一些活动可以有效增强客户对店铺的认知度。常用的活动促销方法有：竞赛活动，比如卡拉 OK 比赛、喝啤酒大赛等；展销会，通常由同类商品的厂家共同举办，让消费者有更多的选择机会

【心得体会】

_____

_____

_____

_____

【行动计划】

_____

_____

_____

_____

第四部分 数——目标管理

导读

所谓"数"，字面意义上指的是销售数字。所有的销售目标都可用数字表示，而且都可以加以评估。销售目标中所使用的数字量值，必须大到可成功的销售目标，假设销售目标是要提高7%的销售量，则接下来的销售目标，是在未来12个月中，将现有顾客每年2次的购买次数提高为3次。销售总是围绕数字展开的，销售数字是方向，也是驱动力，管理就是要盯紧数字。盯紧销售数字不仅是销售员的目标管理，对于销售团队领导者而言同样是对目标的管理，如图4-1所示。

在销售领域，"数"绝不是仅仅指销售数字，它有更深层的含义。在这里，著名的销售数字法则——"1·8·25法则"为我们提供了更为广阔的视角。

所谓"1·8·25法则"，即影响1名顾客，可以间接影响8名顾客，并使25名顾客产生购买意向，1名顾客达成购买行为。依次类推，如果你得罪了1名顾客，那么也会带来相应损失，而损失需要你付出2倍的努力来弥补。由此可见向顾客提供优质产品和满意服务是每一位销售业务人员的重要而神圣的职责。

图4-1 ABC销售管理法"数"的地位与作用

在企业的实际销售工作中,"1·8·25法则"这个魔术般的法则一直在发挥着作用,虽然1位顾客所引起的消费不一定就是25位那么具体,但这是一种形象的比喻,这个法则的内涵在于应该关注每一位顾客,应该真心对待每一个消费者,因此如何留住自己的顾客,如何吸引新的顾客,让顾客满意才是这个法则的根本所在。只有让现在的顾客满意了,才可能产生将来的顾客。实际上,这种销售现象普遍存在着,这也是为什么大家这么重视顾客的原因了。

"1·8·25法则"被很多企业奉为圭臬,很多企业也应用这个定律取得了不错的成绩。

英国的一种"宝莹牌"自动洗衣粉上市后,市场占有率迅速达到50%。但不久,媒体纷纷报道该种洗衣粉会导致皮肤病。事件发生后,这个信息一传十、十传百,市场影响极坏,该公司出现了巨大的危机。因为这家公司当时受到的震撼,不是可以用经济损失计算的,而是公司信誉度的降低。在发生严重危机的情况下, "宝莹"迅速组织专家进行独立实验,把"只有

0.01% 的皮肤病患者可能与宝莹有关"的结果公之于众，并大做宣传。随后，将原来的洗衣粉更名为"原非生物型宝莹牌全自动洗衣粉"，重新投入市场，一举收复失地。

"1·8·25 法则"也是一把"双刃剑"，有的企业因为违背了这个法则而遭到灭顶之灾。

想必大家都知道前些年轰动一时的"三株事件"吧。一个靠 30 万元起家的民营企业——三株公司，连续创造了 3 年的神话。其销售额从 1994 年的 1.25 亿元猛增至 1996 年的 80 亿元，短短 3 年就成倍增长，这是不是神话？但这个神话却被 1996 年常德陈然之的一场官司浇得无影无踪。这场始料不及的突发性事件给三株公司造成的损失是巨大的。1999 年，湖南省高等法院做出终审判决，常德陈然之诉讼案，三株公司胜诉，常德事件就此画上了句号。就三株而言，虽终胜诉，但却成了事实上的失败者，神话再也无法延续下去了，三株的品牌形象、企业形象因此大打折扣，销售额就此一蹶不振。为什么会出现这样的情况呢？据报道，"三瓶三株喝死一个老头"，此效应在当时绝对是轰动性的。在三株如日中天的时候，企业遭遇了灭顶之灾。当时，企业不是采取明智的做法，而是采取和消费者针锋相对的做法，将官司进行到底，结果官司赢了，市场却丢了。原因即是三株的经营人当时没能很好地认识到"1·8·25 法则"的效应。在遇到这种突发事件时，企业应该及时地减少影响，避免事态的进一步扩大，但是事实却正好相反，他们选择了最不低调的方式，结果全国沸腾。试想，出了这种事，谁还敢买你的产品，而且经过媒体的放大作用，何止 25 人知道！

无数事实证明，是否盯紧销售数字，是否对销售目标实施"目标管理"，已经成为决定企业销售成败的关键所在。数字虽然是个表象，但它背后隐藏的销售真谛，反映了一个企业在销售目标管理整个过程中的作为和能力，也体现了一个销售业务员的综合素质。从这个意义上讲，企业及其相关人员不仅要认识到销售目标管理的真正含义，更要在销售目标管理实践中把握好其基本操作程序，以实现销售业绩的不断增长。而这正是我们在第四部分将要讨论的内容。

一、目标管理及其含义

目标管理是 20 世纪 80 年代以来，世界各国广泛重视的一种管理制度。尽管国内外对目标管理的定义和具体实施的方法不完全相同，但其实质都是强调根据目标进行管理，即围绕确定目标和以实现目标为中心，从而开展一系列管理活动。

目标管理的理论根据可以从不同侧面进行探讨，以下列举出几个主要方面：一是系统理论。管理组织系统是人类有目的地进行集群活动的产物，是人们为了达到特定的共同目标，而使全体人员通力协作的人工系统。可见，共同目标既是组织存在的前提条件，也是管理活动要达到的目的。目标管理正是根据管理组织系统这个最重要的核心问题，运用系统科学的理论与方法来指导管理活动。由于目标是关键，所以目标管理强调对未来的预测、研究和目标决策，以保证目标的正确性；强调以目标指导行动，围绕实现目标开展管理活动，保证目标得到实现。二是控制理论。在管理的控制功能方面，目标管理的理论根据是目标控制原理。控制是一种有目的的主动行为，管理控制行为的目的就是为了实现管理组织系统的目标。目标控制就是从这一要点出发，对被控系统输入系统的目标。管理控制行为的目的就是为了实现管理组织系统的目标。目标控制就是从这一要点出发，对被控系统输入目标要求（可观测、可考核的目标体系），再通过其输出的目标状态与原输入的目标要求进行比较，找到偏差，采取措施，保证目标实现，并以目标达成度为依据来考评管理活动的绩效，在活动过程（既系统运行过程）中，按目标导向原则指导被控系统的行动，由被控系统自行纠正目标偏差，实行自适应调节。三是激励理论。理论研究和实践经验都表明，一个单位、一个人如果没有明确的目标，是不可能激励集体及其成员去积极工作的。因此，加强理想和目标教育，树立远大理想和很强的目村观念，对于提高和保证管理绩效是极其重要的。由于目标管理高度重视目标的设置，因而它在激励人的积极性方面，较其他管理理论更能体现现代管理的特点。

下面，我们从什么是目标管理、彼得·德鲁克谈目标管理、目标管理的特点、目标管理的重要性、目标管理对销售的重要性这几个方面，对目标管理做一番探讨。

1. 什么是目标管理

有人认为目标就是梦想，其实目标与梦想是有差别的。梦想可以非常的概括、形象，而目标则必须具体、可以量化的。目标是有数学概念的，不能量化的目标，其实不能算是一个目标，充其量不过是一个想法。因此，目标是量化后的梦想。

从概念上说，什么是目标管理？所谓目标管理，就是以目标为导向，以人为中心，以成果为标准，而使组织和个人取得最佳业绩的现代管理方法。目标管理亦称"成果管理"。是指在企业个体职工的积极参与下，自上而下地确定工作目标，并在工作中实行"自我控制"，自下而上地保证目标实现的一种管理办法。作为一种程序或过程，目标管理使组织中的上级和下级一起协商，根据组织的使命来确定一定时期内组织的总目标，由此决定上级、下级的责任和分目标，并把这些目标作为组织经营、评估和奖励每个单位和个人贡献的标准。

在作用方面，目标管理有如下作用，如表4-1所示。

表4-1　目标管理的作用

序　号	内　容
1	能落实企业中、长期目标和发展规划
2	能降低成本，提高工作效率，增加生产力
3	能使管理层次明朗化，促进沟通，全员参与，增进团结
4	能做到"人尽其才，才尽其用"的管理效果（这也是人力资源管理的主要内容）

在分类方面，目标有两种分类，一是按时间来分，有长期目标、中期目标和短期目标；二是按性质来分，有工作目标、家庭目标和社交目标。

在应用方面，目标管理的应用非常广泛，很多人将它当作业务种计划和控制的手段，还有人将它当成一种激励员工或评价绩效的工具。目标管理应用最为广泛的是在企业管理领域。企业目标可分为战略性目标、策略性目标以及方案、任务等。一般来说，经营战略目标和高级策略目标由高级管理者制定；中级目标由中层管理者制定；初级目标由基层管埋者制定；方案和任务由职工制定，并同每一个成员的应有成果相联系。自上而下的目标分解和自下而上的目标期望相结合，使经营计划的贯彻执行建立在职工的主动性、积极性的基础上，把企业职工吸引到企业经营活动中来。

在实施层面，目标管理要遵循"人人有事做，事事有人做"的原则。本着这个原则，目标管理的主要做法是：由组织中上级和下级管理人员一起制定共同的目标；同每一个人的应有成果相联系，规定他的主要职责范围；以这些规定为指导，评价一个部门或每一成员的贡献情况。由于这种做法特别适合于对各级管理人员的管理，故被称为"管理中的管理"。

在实务中，目标管理需要解决如下问题，如表4-2所示。

表 4－2　目标管理需解决的问题

序　号	内　容
1	目标是什么？实现目标的中心问题、项目名称
2	达到什么程度？达到的质、量、状态
3	谁来完成目标？负责人与参与人
4	何时完成目标？期限、预定计划表、日程表
5	怎么办？应采取的措施、手段、方法
6	如何保证？应给予的资源配备和授权
7	是否达成了既定目标？对成果的检查、评价
8	如何对待完成情况？与奖惩安排的挂钩、进入下一轮目标管理循环

　　"凡事预则立，不预则废"，古人讲的做事要有计划，在这种辩证的思维中，应该蕴含着更深层次的东西，就是目标。计划是要根据目标而制定，目标是计划的最终服务对象，一个个目标的实现就是发展，而发展的结果又推动更高目标的制定。

　　通过以上对目标管理的概念、性质、作用、分类、应用、实施等多个角度的分析可知，目标管理是一种基本的管理技能，它通过划分组织目标与个人目标的方法，将许多关键的管理活动结合起来，从而实现全面、有效的管理。

　　作为企业管理者为了实现企业组织目标运用的最有效的管理方法之一，目标管理有助于激发全体员工的开拓创新精神及积极向上精神，有利于员工对工作质量进行自我控制；也有利于提高企业的团队精神。因此在企业管理实践中应用目标管理的方法是完全有必要的，而且是必需的。

　　当然，要使目标管理方法成功，还必须注意下述一些条件：要由高层管理人员参加制定高级策略目标；下级人员积极参加目标的制定和实现过程；情报资料要充分；管理者对实现目标的手段要有相应的控制权力；对实行目标管理而带来的风险应予以激励；对职工要有信心。同时，在运用目标管理方法时，也要防止一些偏差出现，比如，不宜过分强调定量指标，忽视定性的内容，要根据多变的环境及时调整目标等。

2. 波得·德鲁克谈目标管理

"目标管理"的概念，是由美国管理大师彼得·德鲁克于 1954 年在其名著《管理实践》中最先提出的，其后他又提出"目标管理和自我控制"的主张。彼得·德鲁克认为，并不是有了工作才有目标，而是相反，有了目标才能确定每个人的工作。所以"企业的使命和任务，必须转化为目标"，如果一个领域没有目标，这个领域的工作必然被忽视。因此管理者应该通过目标对下级进行管理，当组织最高层管理者确定了组织目标后，必须对其进行有效分解，转变成各个部门以及各个人的分目标，管理者根据分目标的完成情况对下级进行考核、评价和奖惩。

彼得·德鲁克认为，企业必须具备统一的目标。企业只有具备了明确的目标，并且在组织内部形成紧密合作的团队才能取得成功。但在实践过程中，不同的因素妨碍了团队合作。比如同部门之间常常缺乏协调，生产部门生产的产品，销售部门却发现销售不畅。设计人员可能根本不考虑生产部门的难处或市场的需要，而开发出一种全新的设备；组织内部的等级制造成老板和下属之间的摩擦和误解。下属抱怨老板根本不想理解他们的问题，而老板对下属的漠然和无动于衷也颇有微词。同时，管理的不同层级对企业要求的理解也不尽一致。比如管理层也许敏锐地意识到需要控制污染，而技术人员并没有意识到这一点；高层管理者有时制定了不恰当的薪酬体制，误导下级管理人员的行为。薪酬常与利润挂钩，但研发工作短期不会带来效益，因而也就被忽略了，结果是危及企业未来的发展。企业要想成功，首先就要制定统一和具有指导性的目标，这样可以协调所有的活动，并保证最后的实施效果。这就是为什么需要目标管理的原因。

在彼得·德鲁克看来，主要目标一般来说屈指可数，也许就一个。它可以按照企业的目的来定义。如美国贝尔电话公司的前总裁西奥多·韦尔称"我们的企业就是服务"。一旦主要目标明确后，企业其他不同领域（比如营销和生产力）的目标就易于确定了。因此，企业发展取决于目标是否明确。只有对目标做出精心选择后，企业才能生存、发展和繁荣。一个发展中的企业要尽可能满足不同方面的需求，这些需求和员工、管理层、股东和顾客相联系。

对于自我控制，彼得·德鲁克认为，在目标管理体系中，每个人都可以通过比较实际结果和目标来评估自己的绩效，以便做进一步改善。这就是自我控制的原则。绩效还可以由老板和下属定期共同评估，有利于采取必要的行动。上下级间的沟通因此会得到改善，双方的困难和期待也会更清晰。目标管理可以培育团队精神和改进团队合作。

对于目标管理的失败，彼得·德鲁克认为是由于管理者机械地运用目标管理理论。老板为下属设立目标，如果他完成了目标，就会获得奖赏；如果失败，就会被解雇。老板只看结果。人们在这种情况下工作，压力巨大，最后导致整个体系的崩溃。目标管理的精髓是需要共同的责任感。它依靠团队合作。老板要问自己，是否按照任务选配了最适合的人选，也是否成功引导、帮助、鼓励和发展他的下属去理解和实现组织的目标。

彼得·德鲁克强调要不断质疑目标。目标管理是一种开明和民主的管理方式。同时，不断对目标提出质疑从根本上说是试图把握不断变化的社会需求。目标管理不像安装机器一样是一个机械的过程，而是一个有机的过程，类似于培育和浇灌树木。它的运行原则是导向具体目标的自我控制。通过个人的发展最终求得组织的平衡发展。就像个人与组织之间的一场愉快的婚姻一样，个人保留了自己的尊严和自由，但同时要向组织履行职责。所有这些最终将有助于创造一个自由和人道的社会。彼得·德鲁克因此称目标管理为管理的哲学。

彼得·德鲁克的"目标管理和自我控制"主张，是以相信人的积极性和能力为基础的，企业各级领导者对下属人员的领导，不是简单地依靠行政命令强迫他们去干，而是运用激励理论，引导职工自己制定工作目标，自主进行自我控制，自觉采取措施完成目标，自动进行自我评价。目标管理通过诱导启发职工自觉地去干，其最大特征是通过激发员工的生产潜能，提高员工的效率来促进企业总体目标的实现。

自从"目标管理和自我控制"思想理论提出以后，便在美国迅速流传。时值第二次世界大战后西方经济由恢复转向迅速发展的时期，企业急需采用新的方法调动员工积极性以提高竞争能力，这个思想理论的出现可谓应运而生，遂被广泛应用，并很快为日本、西欧国家的企业所仿效，在世界管理界大行其道，发挥了重要作用。

对于彼得·德鲁克的"目标管理和自我控制"思想理论，我们不妨做一下深入思考，探讨一下"目标管理和自我控制"的中国化问题。这个思考可以从两个维度来展开：一是目标管理与中国的"无为而治"；二是目标管理与中国的"官本位"思想。这样的探讨必将有助于"目标管理和自我控制"思想理论在中国落地生根，开花结果。

我国传统文化中有着强烈的"无为而治"的思想，这与自我控制很相似。庄子讲"无为而无不为"，就是运用"无为"达到"无不为"。现代管理学中的"无为而治"指的是管理者在顺应客观规律的前提下，充分发挥人的主观能动性。自我控制正是强调对目标实现过程的"无为"充分激发员工的主观能动性，最终实现组织目标。管理思想精髓的相似性为目标管理中国化奠定了良好的基础。部分中国管理方式由于对"无为而治"的误读而忽视具体目标的重要性，使得工作实践缺乏指向性与针对性。目标管理的引入能够提高中国组织对目标的重视程度，对提高组织工作效率具有良好的改善作用。这也是中国组织引入目标管理的必要性。"无为而治"的中国传统管理思想使得目标管理中国化具有可行性和必要性，因此目标管理在中国组织中必将发挥良好的作用。

目标管理强调所用相关人员共同参与目标的制定和协调，将个人目标与组织整体目标相统一融合，在目标制定过程中注重上下级相互沟通协调，并通过下级向上级对目标的反馈对目标进行完善与修正。而中国长期以来根深蒂固的"官本位"思想与目标管理所倡导的上下级关系出入较大。"官本位"思想强调上下级间的君臣关系，下级对上级的绝对服从（如"君让臣死臣不得不死"）。中国传统文化中的"三纲五常"正是对上下级关系的重要体现，这种绝对服从的思想深深植入中国的政治组织甚至企业组织和家庭组织中。管理机制上"官本位"思想的体现是高度的集权。以官职高低衡量人的地位、能力和价值，最终权力集中于高官阶的人群，下级只能被动地接受。"官本位"思想通过官职人为地将上下级沟通交流的渠道割裂，这与目标管理所反映出的对人性平等自由追求的管理哲学大相径庭。因此，中国传统"官本位"思想的根深蒂固决定了目标管理的中国化道路必然是曲折的。而对目标管理中自由平等思想的借鉴，也必然会对中国现有的"官本位"思想下的管理制度进行修正和完善，最终形成既符合中国文化又特别高效的管理机制。

3. 目标管理的特点

目标管理是让组织的管理人员和员工亲自参加目标的制定，在工作中实行"自我控制"并努力完成目标的一种管理制度或方法。目标管理与传统管理方式相比有鲜明的特点，其特点包括以下几个方面，如表4-3所示。

表4-3　目标管理的特点

特　点	内　容
目标明确	目标管理具有目标体系，是一种总体管理。目标管理通过专门设计的过程，将组织的整体目标逐级分解，转换为各单位、各员工的分目标。从组织目标到经营单位目标，再到部门目标，最后到个人目标。在目标分解过程中，权、责、利三者已经明确，而且相互对称，这些目标方向一致，环环相扣，相互配合，形成协调统一的目标体系，只有每个人员完成了自己的分目标，整个企业的总目标才有完成的希望。目标管理力求组织目标和个人目标更密切地结合在一起，以增强员工的工作满足感，这对于调动员工的积极性，增强组织的凝聚力起到了很好的作用
民主性强	目标管理是参与管理的一种形式，实行参与管理，体现了民主管理。目标的实现者同时也是目标的制定者，即上级与下级在一起共同确定目标。首先确定出总目标，然后对总目标进行分解，用总目标指导分目标，用分目标保证总目标，从而形成一个"目标—手段"链。在这一制度下，上级与下级的关系是平等的、尊重的、相互依赖和支持的，下级在承诺目标和被授权之后是自觉、自主和自治的
自我控制	强调和实行"自我控制"是一种自觉管理。目标管理的基本精神是以自我管理为中心，其主旨在于用"自我控制的管理"代替"压制性的管理"，它使管理人员能够控制自己的行为。目标管理的实施由目标责任者自我进行，上级并不过多地干预。通过自身监督与衡量，对工作中的成绩、不足、错误进行对照总结，不断修正自己的行为，以不断提高效益，最后达到目标的实现。这种自我控制可以成为更为强烈的动力，促使人们尽力把工作做好，而不仅仅是"过得去"就行了。所以，在目标管理制度下，监督的成分很少，而控制目标实现的能力却很强
注重实效	目标管理实施成果第一的方针，注重管理实效，是一种成果管理。目标管理以制定目标为起点，以目标完成情况的考核为终结。实行目标管理后，将评价重点放在工作成效上，按员工的实际贡献大小如实地评价一个人。由于有了一套完善的目标考核体系，从而能够按员工的实际贡献大小如实评价，使评价更具有建设性
权力下放	目标管理促使下放权力。推行目标管理有助于协调集权和分权的矛盾，促使权力下放，有助于在保持有效控制的前提下，使组织气氛更有生气。权力下放后，强调高层、中层、基层管理者职责的不同。目标管理的核心是，每一个经理人的工作目标，应该由他们对自己所属的上级单位应做的贡献来规定。上级管理当局当然必须保留是否批准下级制定的目标的权力。但是，制定自己的目标，却是每一个经理人的责任，而且是他们的首要责任。目标管理还意味着每一位经理人应该认真参与他们所属的上一级单位的目标制定工作。做一个经理人就意味着承担责任

总之，目标管理具有多个目标体系：一是总体的管理，实行参与管理；二是民主管理，实行自我控制；三是自觉地管理，注重管理实效；四是成果管理，注重权力下放；五是责任管理。

4. 目标管理的重要性

曾有人做过一个实验：组织三组人，让他们分别沿着 10 公里以外的 3 个村子步行。

第一组的人不知道村庄的名字，也不知道路程有多远，只告诉他们跟着向导走就可以。刚走了两三公里就有人叫苦，走了一半时有人几乎愤怒了，他们抱怨为什么要走这么远，越往后走他们的情绪越低。

第二组的人知道村庄的名字和路段，但路边没有里程碑，他们只能凭经验估计行程、时间和距离。走到一半的时候大多数人就想知道他们已经走了多远，比较有经验的人说："大概走了一半的路程。"于是大家又簇拥着向前走，当走到全程的 3/4 时，大家情绪低落，觉得疲惫不堪，而路程似乎还很长，当有人说"快到了"时，大家又振作起来加快了步伐。

第三组的人不仅知道村子的名字、路程，而且公路上每一公里就有一块里程碑，人们边走边看里程碑，每缩短一公里大家便有一小阵的快乐。行程中他们用歌声和笑声来消除疲劳，情绪一直很高涨，所以很快就到达了目的地。

这个实验说明，当人们的行动有明确的目标，并且把自己的行动与目标不断加以对照，清楚地知道自己的进行速度和与目标相距的距离时，行动的动机就会得到维持和加强，人们就会自觉地克服一切困难，努力达到目标。

通过这个实验，我们可以总结出目标管理重要性的若干体现，如表 4 - 4 所示。

表4-4 目标管理的重要性

序 号	内 容
1	目标能够使你看清自己的使命。目标给人的行为设定明确的方向，使人充分了解自己每一个行为的目的
2	目标能让你安排事情有轻重缓急。目标使自己知道什么是最重要的事情，有助于合理安排时间
3	目标使自己未雨绸缪，把握今天。目标有助于你事前谋划，迫使你把要完成的任务分解成有限的可行的步骤
4	目标有助于你评估事业的进展情况。目标使你能把重点从工作本身转移到工作成果上，从而使人能够清晰地评估每一个行为的进展，正面检讨每一个行为的效率
5	目标引导你发挥潜能。目标使人在没有得到结果之前，就能看到结果，从而产生持续的信心、热情与动力

5. 目标管理对销售的重要性

吴美丽是一家大公司的销售员，她平均每星期要花上半天的时间用来做计划，每天要花1个多小时的时间来做销售的准备工作，在没有做好计划和准备工作之前，她绝对不会出门去拜访客户和做销售业务。不要以为这是浪费宝贵时间。正是因为有了完善的计划与准备，才能使她保持高额的销售业绩。

一次，吴美丽的同事加闺蜜陈紫凝请教她是如何成为培训行业最顶尖的销售员时，吴美丽告诉佳佳，说因为自己会给自己定下远大的目标，并且有切实可行的实施方案。陈紫凝问是什么方案，吴美丽做出了这样的回答："我会将年度的计划和目标细分到每周和每天里。比如说今年定的目标是3840万美元，我会把它按12个月分成12等份，这样每个月完成320万美元就好了，然后再用星期来分320万元除以4，这下子我就不用做320万元的业绩了，只要每个星期做80万元就行了。"

接着，吴美丽又给闺蜜讲出了自己的感受。她认为，作为一名销售员，当你设定销售自己的目标时，提防盲目夸大、空洞无物的目标，应该用务实的、现实可行的条款来进行详细说明。同时，目标不是孤立存在的，目标是相辅相成的，目标指导计划，计划的有效性影响着目标的达成。所以在执行目标的时候，要考虑清楚自己的行动计划，怎么做才能更有效地完成目标，是每个人都要想清楚的问题，否则，目标定得越高，达成的效果越差！

吴美丽的故事很有启示意义，说明了目标管理对销售的重要性。同时，吴美丽做的计划中有许多数字，这反映出销售总是围绕数字展开的，销售数字是方向，是驱动力，管理就是要盯紧数字，这就是销售员的目标（对于销售团队领导者而言，盯紧销售数字同样是对目标的管理）。

出海需要指南针，飞行需要雷达，建大厦需要图纸，你的销售没有指南针会怎样？你的销售没有雷达会怎样？你的销售没有图纸会怎样？指南钟、雷达、图纸，就是目标和计划，而销售过程的一切结果都体现在数字上！

一个优秀的销售员必须先有正确的从业动机，这个动机不是为了"求生存"，而是要有强烈的"企图心"，至少对赚钱有相当的欲望，并且有决心去挑战自己，愿意为自己的理想付出努力，而不是"想想而已"。

但是，理想很丰满，现实很骨感，绝大多数人的愿望最终都没能实现。比如，"我想赚钱，赚很多钱，越多越好，然后买一套别墅。"但是过了10年，住的还是小房子，而且每个月还要还贷款。再如，"我要好好学习，让自己成为一个知识渊博的人。"买了一大堆书，结果每次拿起来就睡着了，10年了也没把那堆书看完。

愿望之所以不能成真，是因为很多人只有愿望，不知道什么是"目标"；也搞不清愿望和目标的区别，更搞不清目标和愿望的关系。"赚很多钱"，这是愿望，愿望是不清晰的；"我要赚100万元"，有点清晰了，但没有完成的时间，所以先做2年准备工作也不要紧；"我打算5年内赚100万元"，这才算有了初步的目标。这里我们看到两个要素：一是具体化，二是有时间要求。

对于销售人员来说，你所要的结果必须很清晰。因为愿望是不清晰的，所以做多做少无所谓，什么时候做都可以，就造成了拖延，这是愿望不能实现的主要原因。

目标是一项活动期望达到的最终结果，销售人员对结果的描述必须是明确的、有时间限制的，而且是在活动开始之初就设定好的。也就是说，要先有目标，再有行动。目标是行动的指南针，目标决定了做什么、怎么做、什么时候做。追求成功的愿望必须先有，然后根据愿望设定目标，并根据目标规划行动，只要规划合理，每个步骤都落实，愿望就能实现。

销售人员的目标就是他的销售业绩体现出的销售数字。对任何一个销售人员来说，销售数字这个目标的作用是巨大的。第一，目标能够为行动指明方向，你想去北京，车往北京开，不能往广东开，否则开得再快也是白搭。首先方向要对。第二，目标能够帮你选择行动的方式，如果要求 3 天内到北京，可以开私家车；2 天内要到，就坐火车；1 天内要到就必须坐飞机。第三，目标能够激发一个人的潜能。姚明打篮球，每次投篮都有目标，因为要投中，所以他反复练习，后来越投越准，而且每场 NBA 联赛，都有一定的分数要求，否则，就会被 NBA 淘汰。后来姚明退役后读了上海交大的硕士班，听说成绩很不理想，原因很简单，能否毕业对于他的前途并不重要。他没有一定要考出好成绩的目标。如果考不及格就罚款 1000 万美元，补考再不及格就枪毙，保证姚明能考出优异的成绩。

这里要强调一点，考核与奖罚是目标管理不可缺少的一个环节。有了考核，就能体现目标的第三个价值。目标是在活动开始之初就设定好的、想要达成的结果，而考核就是检验结果是否达成。如果没达到，处罚不是目的，而应该检查差距在哪里？是什么原因造成的？下一步怎么改进？这样有利于下次做得更好。

总之，销售领域的目标管理至关重要。就像射击运动员的练习一样，设定靶心——瞄准——射击——检查——调整方向——再射击，如此往复，就能越打越准，可见靶心对射击运动员是必需的。销售中的目标管理也一样，销售人员如果不设定目标，那永远不知道自己做得对不对，水平永远不会提升，所以目标管理是必不可少的——目标是必须要有的，检查调整也是必须要做的。

二、目标管理的基本程序

目标管理的基本程序的内容包括以下几项：制定有效目标的 SMART 原则；目标分解及其方法；制订计划的步骤；目标控制原则与方法；目标评估标准。下面我们一一对此介绍。

1. 制定有效目标的 SMART 原则

SMART 原则是目标管理工具，它可以使管理者的工作由被动变为主动，使管理过程更加科学化、规范化，更能保证目标管理的公正、公开与公平。

SMART 指的是：Specific（具体的）、Measurable（可以量化的）、Achievable（能够实现的）、Result‐oriented（注重结果的）、Time‐limited（有时间限制的）。一个有效的目标必须符合 SMART 原则，即它必须符合 SMART 原则的上述 5 个条件。

SMART 原则的这 5 个条件，其各自的含义如表 4‐5 所示。

表4-5　SMART原则的含义

概　念	示　例	实施要求
所谓"具体的"，就是要用具体的语言清楚地说明要达成的行为标准。具体明确的目标几乎是所有成功团队的一致特点。很多团队不成功的重要原因之一就因为目标模棱两可，或没有将目标有效地传达给相关成员	目标——"增强客户意识"。这种对目标的描述就很不明确，因为增强客户意识有许多具体做法，如减少客户投诉，过去客户投诉率是3%，把它减低到1.5%或者1%。提升服务的速度、使用规范礼貌的用语、采用规范的服务流程，也是客户意识的一个方面。"增强客户意识"到底指哪一块？不明确就没有办法评判、衡量。所以建议这样修改，比方说，我们将在月底前把前台收银的速度提升至正常的标准，这个正常的标准可能是两分钟，也可能是一分钟，或分时段来确定标准	目标设置要有项目、衡量标准、达成措施、完成期限以及资源要求，使考核人能够很清晰地看到部门或科室月计划要做哪些事情，计划完成到什么样的程度
衡量性就是指目标应该是明确的，而不是模糊的。同时，应该有一组明确的数据，作为衡量是否达成目标的依据。如果制定的目标没有办法衡量，就无法判断这个目标是否实现。比如领导有一天问"这个目标离实现大概有多远？"团队成员的回答是"我们早实现了"。这就是领导和下属对团队目标所产生的一种分歧。原因就在于没有给他一个定量的、可以衡量的分析数据。但并不是所有的目标可以衡量，有时也会有例外，比如说大方向性质的目标就难以衡量	比方说，"为所有的老员工安排进一步的管理培训"。进一步是一个既不明确也不容易衡量的概念，到底指什么？是不是只要安排了这个培训，不管谁讲，也不管效果好坏都叫"进一步"？准确地说，在什么时间完成对所有老员工关于某个主题的培训，并且在这个课程结束后，学员的评分在85分以上，低于85分就认为效果不理想，高于85分就是所期待的结果。这样目标变得可以衡量	目标的衡量标准遵循"能量化的量化，不能量化的质化"。使制定人与考核人有一个统一的、标准的、清晰的可度量的标尺，杜绝在目标设置中使用形容词等概念模糊、无法衡量的描述。首先从数量、质量、成本、时间、上级或客户的满意程度五个方面来进行，如果仍不能进行衡量；其次可考虑将目标细化，细化成分目标后再从以上5个方面衡量，如果仍不能衡量，还可以将完成目标的工作进行流程化，通过流程化使目标可衡量

续表

概　念	示　例	实施要求
目标是要能够被执行人所接受的，如果上司利用一些行政手段，利用权利性的影响力一厢情愿地把自己所制定的目标强压给下属，下属典型的反映是一种心理和行为上的抗拒：我可以接受，但是否完成这个目标，有没有最终的把握，这个可不好说。一旦有一天这个目标真完成不了的时候，下属有一百个理由可以推卸责任	"控制式"的领导喜欢自己定目标，然后交给下属去完成，他们不在乎下属的意见和反映，这种做法越来越没有市场。今天员工的知识层次、学历、自己本身的素质，以及他们主张的个性张扬的程度都远远超出从前。因此，领导者应吸纳下属来参与目标制定的过程，即便是团队整体的目标。不然热情还没点燃就先被畏惧给打消念头了	目标设置要坚持员工参与、上下左右沟通，使拟定的工作目标在组织及个人之间达成一致。既要使工作内容饱满，也要具有可达性。可以制定出跳起来"摘桃"的目标，不能制定出跳起来"摘星星"的目标
注重结果是指实现此目标与其他目标的关联情况	比如一个前台工作人员，你让她学点英语以便接电话的时候用得上，因为提升英语水平和前台接电话的服务质量有关联，即学英语这一目标与提高前台工作水准这一目标直接相关。若你让她去学习六西格玛，就比较跑题了，因为前台学习六西格玛这一目标与提高前台工作水准这一目标相关度很低	如果实现的既定目标对其他的目标完全不相关，或者相关度很低，那这个目标即使被达到了，意义也不是很大。因为毕竟工作目标的设定，是要和岗位职责相关联的，不能跑题
"有时间限制的"反映了目标的时限性。时限性就是指目标是有时间限制的	例如，将在2015年5月31日之前完成某事。5月31日就是一个确定的时间限制。没有时间限制的目标就没有办法考核，或带来考核的不公。上下级之间对目标轻重缓急的认识程度不同，上司着急，但下面不知道。到头来上司可以暴跳如雷，而下属觉得委屈。这种没有明确的时间限定的方式也会带来考核的不公正，伤害工作关系，伤害下属的工作热情	目标设置要具有时间限制，根据工作任务的权重、事情的轻重缓急，拟定出完成目标项目的时间要求，定期检查项目的完成进度，及时掌握项目进展的变化情况，以方便对下属进行及时的工作指导，以及根据工作计划的异常情况变化及时地调整工作计划

作为销售人员，必须熟知并贯彻实施 SMART 原则。什么叫作"具体的"？你想成为公司顶尖的销售员，今年就要完成多少业绩，越具体越好；什么叫作"可以衡量的"？完成多少业绩是可以计量的；什么叫作"能够实现的"？你今年要做多少业绩，要按照你的能力，把它提高一点；什么叫作"注重结果的"？设定目标一定要合理，只有合理才能收到效果；什么叫作"有时间限制的"？任何目标都必须限定什么时候完成，可具体到某年某月，甚至是某日某时某分。把握 SMART 原则，你就可以制定一个有效的目标。

对于 SMART 原则中的五个条件，可以进行数字具体化处理：如果某一目标能用数字来描述一定要用精确的数字来描述。如果目标不能直接用某一数字来描述，则必须进一步分解，将其表现形态全部用数字化指标来补充描述。

另外，不妨设定一个目标，并以表格的形式用 SMART 原则进行衡量，如表 4 - 6 所示。

表 4 - 6　使用 SMART 原则设定目标的自行衡量表格

目　　标	内容（自行填写）
Specific	
Measurable	
Achievable	
Result – oriented	
Time – limited	

总之，无论是制定团队的工作目标，还是员工的绩效目标，都必须符合上述原则，五个原则缺一不可。制定的过程也是对部门或科室先期的工作掌控能力提升的过程，完成计划的过程也就是对自己现代化管理能力历练和实践的过程。

另外需要说明的是，确立目标要注意避开四大误区：一是将没有量化、没有时限的想法当成是目标。其结果是既无法衡量进度，也无法衡量结果，同时，易造成自己有意或无意地压缩梦想以适应残酷的现实。二是将目标建立在现实可能性上，而不是建立在自己的憧憬上。尽管去任何目的地时都必须考虑我们现在的出发点，即建立任何目标都必须考虑我们的现实出发点。但确立目标时强调现实可能性，而不是建立在对未来的憧憬上，那么该目标十有八九不会是什么大目标。没有远大的目标牵引，人的潜能就没有发挥的空间。正如高尔基所说："目标越高远，人的进步越大。"三是依据现有的信息确立目标，而不是先确立目标，然后再寻找帮助目标达成的信息。四是根据自己现有的能力确立目标，而不是先确立目标，然后才去逐一准备达成该目标所必备的能力。根据现有能力确立目标，这个目标十有八九不会是什么太大的目标，并且他的能力也总不见长。因为没有大目标的牵引，你的能力也不会有太大的提升，没有太大的提升，就达不成太大的目标。能力是一个相对概念，绝不是天生的，而是后天计划准备出来的。先定目标，后准备能力，你的能力一定会在挑战中迅速提升。

2. 目标分解及其方法

1984 年，在东京国际马拉松邀请赛，一名叫山田本一的运动员出人意料夺冠。赛后，有记者问他，"为什么能一鸣惊人地取得如此惊人的成绩？"山田本一只说了一句话："凭智慧。" 10 年过后，在他的自传中人们才知道他所说的"智慧"就是"分解目标"。他是这样写的："每次比赛之前，我都要乘车把比赛的线路仔细地看一遍，并把沿途比较醒目的标志记下来，第一个标志是一个银行，第二个标志是一棵大树，第三个标志是一座红房子……就这样每隔一段做个标志，一直做到赛程的终点。比赛开始后，我就以百米的速度奋力地向第一个目标冲去，等到达第一个目标后，我又以同样的速度向第二个目标冲去。40 多公里的赛程就被我分解成这么几个小目标轻松地跑完了。"

目标有长期和短期之分，在整个目标实现的过程中大目标可以分为多个小目标。然后，首先从短期目标做起！先把眼前的一点一滴做好。在制定销售目标的过程中也一样，要把大目标进行分解，细化每个小目标。比如，今天需要完成多少任务，实际完成了多少，完成的质量如何等。这些细小的问题都是长期目标的重要部分，完成得不好，长期目标肯定不会如期实现。

当设定销售自己的目标时，你应该用务实的、现实可行的条款来进行详细说明。比如，根据每个阶段的工作把这些目标进行细化，中期目标、短期目标等一层层地细化；把每个小目标写在纸上；每天每周都要去确定目标；等等。

目标分解应该到人、时间、客户、渠道、对产品展开的论述。为此，可以采用有效的目标分解工具，比如剥洋葱法、多权树法、鱼骨法等。

所谓剥洋葱法，就是像剥洋葱一样，将大目标分解成若干个小目标，再将每个小目标分解成若干更小的目标，一直分解下去，直到知道现在该去干什么。此外还有近期目标，如月、周、日、即时等。剥洋葱法如图 4 - 2 所示。

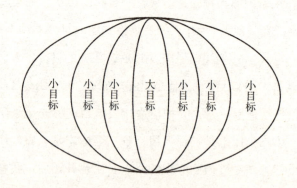

图 4 - 2　"剥洋葱法" 示意图

　　关于多权树法，我们可以想象一下，有一棵大树，从树干开始，就会有若干个分枝，每个分枝会有更小的树枝，每个更小的树枝有再小的树枝，直到叶子。我们将树干表示成大目标，每个树枝代表小目标，叶子就是我们现在的目标，或是我们现在要去做得每件事情，所应该达到的结果。

　　在多权树法中，树干代表大目标，每一树枝代表小目标，叶子代表即时目标，即现在要去做得每一件事，如图4-3所示。

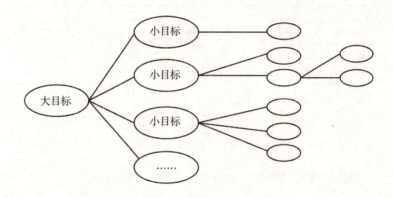

图4-3　"多权树法"示意图

　　从叶子到树枝，再到树干，不断地问：如果这些小目标均达成，那么大目标一定会达成吗？回答如果是"是"，表示这个分解已经完成。如果回答"不一定"，表明所有列出的条件，还不够充分。继续补充被忽略掉的树枝。一棵完整的目标多权树就是一套完整的达成该目标的行动计划。目标多树权，又叫"计划多权树"。

　　鱼骨法又名特性因素图，是由日本管理大师石川馨先生所发展出来的，故又名石川图。鱼骨法是一种发现问题"根本原因"的方法，它也可以称为"因果图"。

　　鱼骨法的基本结构形如鱼骨，故又称鱼骨图（见图4-4）。这个基本结构用在生产中，来形象地表示生产车间的流程。其中，人员、设备、材料等各项所属的箭头，可以转换并为各项的相关要素，如图4-4所示。

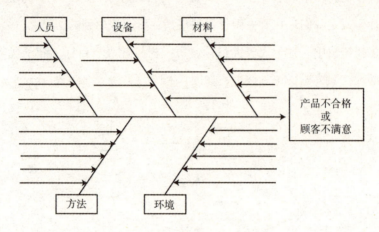

图4-4　"鱼骨法"示意图

另外，鱼骨法也可以用作目标分解，如图4-5所示。

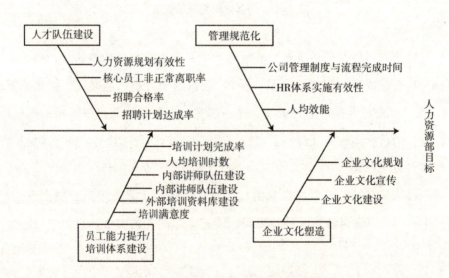

图4-5　某公司人力资源部目标的鱼骨法

通过这个示例可以看出，用鱼骨法做成目标管理图，可以对目标进行分解，做细分量化处理，其目标分解的具体步骤不必赘述。

3. 制订计划的步骤

我们已经知道设目标要遵循 SMART 原则，目标定好了，针对目标要制订一系列的行动计划。制订行动计划要分两步，第一步设目标，第二步才针对目标制订行动计划。只有目标清楚了，行动计划才会有方向。

制订计划应该依次遵循以下步骤，如表 4-7 所示。

表 4-7 制订计划的步骤

步 骤	实 施
明确目标	在制订计划之前，你首先要清楚地知道自己希望工作达到的目标是什么。最好能够精确地定义你的目标，这个定义要包括时间标准、最终目的、实现效果等要素，比如，在 1 个月之内完成客户的第一阶段需求，并得到客户的好评。要记住，如果你的目标不明确的话，那么什么样的计划都帮不了你，因为你根本不知道自己想要什么。而且，目标不明确的话，制订出来的计划也难度量
确定步骤	对于一个大目标，一般是不容易把握从开始到实现它的整个过程的，所以，你得把这个"大家伙"切分一下，把它分成几个小部分。比如上面的那个例子：在 1 个月之内完成客户的第一阶段需求，并得到客户的好评。可以这样把它分成几步，用 1 个星期的时间做前期的设计，用两个星期的时间来实现前面的设计，用剩下的时间来做小幅度的修改和完善。分成了几个步骤之后我们再来看一看，现在离我们最近的那一步是：用 1 个星期的时间做前期的设计。这样一来就比较容易把握了
细化计划	你已经成功地把你的计划分成几个小步骤，但这还不够，只做了步骤的切分还不足以让你的计划完全可以实现。因此需要细化计划，使其具有可度量性。比如在制订一个写作计划，"要在 1 个月之内写出 3 篇关于领导艺术的文章"，就是一个可度量的任务，而"在 1 个月之内写几篇关于领导艺术的文章"，就不是一个可度量的任务
设定时间	时间节点非常重要，因此必须设定时间！你可以按照项目的进度，一天一天地往后安排，虽然要想合理地安排时间依然是一个不容易的任务，但至少你有了一个线索。那么，就把设定的时间写到计划中吧

步　骤	实　施
追踪机制	计划制订完成了，接下来要建立一种追踪机制，也就是说，要有一个方法保证随时知道自己的计划实施到了哪一步，哪些任务已经完成了，哪些任务正在进行中，哪些任务遇到了障碍等。这是十分必要的。一种常见的追踪机制是使用写好的任务列表。在每个完成的任务头面打上对号，在每一个遇到问题的任务前面画个叉，把每个完成的任务用红笔划掉。这个方法看似简陋，但它确实十分有效
执行计划	目标计划的执行是实现目标的关键所在，因此必须按计划行事。记住，如果不去做，再好的计划也帮不了你
调整计划	一个一成不变的计划是没有意义的，因为哲学家告诉我们，世界是不断发展变化的。计划也是一样。事实上，在开始工作时，我们会发现很多计划中没有考虑到的情况，而这些考虑外的因素常常会阻碍计划的进展。这个时候，就需要动态调整计划。使用追踪机制，看一看哪些任务没能按时完成，哪些任务提前完成了，从中找出那些影响你进度的问题，解决它们，然后适当的调整你的计划，继续实施它

4. 目标控制原则与方法

对目标进行控制，必须讲究原则和方法。为什么这样说呢？这是因为，目标控制的目的是为了达成目标，不要为了控制而控制，控制是为了讲求效益，是为了保证计划的正常进行，如图4-6所示。

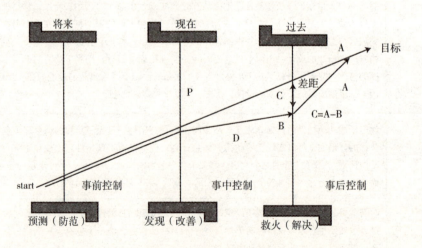

图4-6　目标控制示意图

　　其中，"Start"是开始、起点的意思；而"C = A – B"展示得很形象，所以也不难理解。图示表明，对目标的事前、事中、事后进行控制，都是结果导向的，即为了奔向"目标"。

　　目标控制需要遵循的原则有以下几项，如表4 – 8所示。

表4 – 8　目标控制原则

原　则	含　义
适应性原则	控制应当与计划和工作特点以及主管人员的具体情况相适应
及时性原则	能够及时发现偏差，纠正偏差。最理想的控制应该是在偏差未出现之前，能够预计偏差的产生，做到防患于未然
灵活性原则或弹性原则	即使在面临计划发生变动、出现了未能预见到的情况或计划失败的情况下，也能发挥作用。不能把控制工作过于死板地同计划拧在一起，以免在整个计划失策或发生突然变动时控制也跟着失控
经济性原则	控制所支出的费用必须是有效的和合理的，要防止在无效控制上花费精力和财力
匹配性原则	任何控制或技术都必须适合组织气氛才能奏效

　　控制主要是检查。检查是一种监督和督促，是发现问题、纠正偏差的过程。检查什么？检查工作是否按照目标和计划进行；检查是否可以达到预期的工作成功；检查组织的政策、规定、程序是否被执行和遵守；及时发现潜在的问题和危险，并做好准备，采取措施。就方法论的角度来说，目标控制方法主要有以下几种：时间控制方法；会议管理法；意向客户管理，下面我们一一介绍。

　　销售过程管理的一大关键，就是要把过程管理当中的时间管理，从过去的年度追踪细化到每月、每周甚至每日追踪。具体来说，销售过程管理分为：业务员与办事处主任要进行每日追踪（也可说是自我管理）；中层主管要掌握每周进度；高层主管则须控制每月管理；经营者则只要看成果即可。

时间控制方面可以依照常用的目标控制工具甘特图。甘特图内在思想简单，即以图示的方式通过活动列表和时间刻度形象地表示出任何特定项目的活动顺序与持续时间。甘特图基本是一条线条图，如图4-7所示。

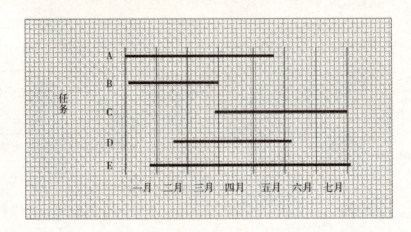

图4-7 甘特图

横轴表示时间，纵轴表示活动（项目），线条表示在整个期间中，计划和实际的活动完成情况。它直观地表明任务计划在什么时候进行，及实际进展与计划要求的对比。管理者由此可便利地弄清一项任务（项目）还剩下哪些工作要做，并可评估工作进度。

销售过程管理的另一个重要手段，就是销售会议，包括早会、晚会及周会。由于业务主管需随时掌握最新市场信息，所以早会或晚会是每天不可忽视的重点。有些公司的业务员分布于全国各地，无法每日召开早会或晚会时，应将其拜访报告表以传真或电话联络方式，随时向公司反映。

管理层会议有三类：一是日例会，日清日结，每天下班前；二是周例会，每周六上午，核对本周目标达成工作，安排下周目标达成工作；三是月例会，每月25日。

员工层会议也有三类：一是每天三会，即晨、中、夕会；二是每周一例会，每周目标进度分享表扬，每周六下午培训会；三是月度例会，内容主要是月度颁奖与表扬。

实施会议管理法，需要安排一些特定的流程和内容，以取得最佳效果。比如晨会，其流程与内容的安排，如表4-9所示。

表4-9　实施会议管理法

环　节	目　的	举　例
问好	传递信心	普通的用"大家早上好！"团队回复："好！很好！非常好！见到你更好！"另外也可以用"同志们好，同志们辛苦了"一些幽默的问好开场
故事分享	锻炼大家分析能力	讲励志的正能量故事，或者做游戏
销售目标排名	用成功的榜样提高销售的信心	配合公司主推的方向，简要分享心得；更重要的是鼓励其他销售人员树立签单的信心
报当天预测	明确对目标的坚定	可以采取在白板上写下预测的形式，造成一种争先恐后的气氛
队呼	提高士气	可以是团队队呼，也可以是临时发挥。比如，"疯狂军团，志在必得；诚信守信，傲视天下！""黄金舰队，签单排队！"等

再如夕会，其流程与内容安排如表4-10所示。

表4-10　夕会流程与内容安排

环　节	目　的	举　例
问好	振奋团队	尽管一天工作辛苦，但依然要喊出气势，提振团队
签单销售分享	让团队共享好方法，营造互相学习的氛围	对于销售分享的点，经理可以事先做辅导，每天分享一个点就可以

续表

环 节	目 的	举 例
当天业绩和过程分享	分析每个人目前的问题所在，并列出改进计划	先由每个销售人员自己说，再由经理总结团队情况：整个团队的目标和目前积累的存单情况
第二天工作安排	让团队更有目标和方向感	明天各位的重点客户预测，以及打法策略
销售演练	让销售及时掌握好方法	针对当天销售分享或者近期的重点展开演练

意向客户管理是销售过程管理的一项挖掘性工作。业务人员在找客户时，经常把搜集到的信息归类，其中有一个归类让人看了特别刺眼，叫对方"没意向"。一旦判定客户"没意向"，就自动放弃了。

"没意向"这件事特别有意思，在 A 眼里"没意向"，说不定在 B 眼里就有好感，在 C 眼里就是能达成。到底是客户真没意向，还是对客户进行了误判，又或是自己的工作没到位，致使客户没意向？我们用泰·本·沙哈博士的方法套一套，A 可能会改变其"没意向"的定论了。

泰·本·沙哈博士被誉为哈佛最受欢迎的人生导师，他教授的《积极心理学》被选为哈佛最受欢迎课程。这一课中，他提出幸福生活需要每天 8 小时的睡眠，5 次的拥抱和一次不一定成功的爱情。将泰·本·沙哈的课程归纳起来，即可成为套用的"3E"，即 Event（事件）、Evaluation（评估）、Emotion（情感）。

"事件"，即对方认不认为你和他谈的事情是一个事件。无论通过电话还是递名片去联系一位陌生客户，客户对你都是一无所知的。对你介绍给他的项目也好，产品也罢，都是没有意向的，除非你免费送个金矿。对客户进行陌生产品的推介，要确定客户是否把它当成其生活中的一个事件？即使当成一个事件了，也要知道客户是把你当作购买向导，还是认为你在对他进行电话骚扰？如果推销员自己都没有搞清楚自己想制造一个什么事件，想达到一个什么效果，仅凭客户一个"NO"，直接就把客户给"NO"了，这是第一个失败。

"评估"，即对方对你给他谈的事情做没做评估，做得是什么样的评估。你拜访的客户是单位的什么人，不同的人面谈会有不同的结果，办公室主任是一个说法，主管领导又是一个说法。比如，给员工购置环保厨具，办公室主任认为增加了成本，他不同意；而工会主席认为它是节能环保健康产品，大家搞聚会户外旅游，正好需要这样无烟无险无害的厨具来活跃员工的气氛。不同的人对同一事件的评估大不同，我们所要检讨的是：找对人了没有？对产品评估从出发点而言是对还是错？不能因为找错了人，而得到一个错误的评估，就对自己的行为进行了全面否定，这是第二个失败。

"情感"，即对方思考后有什么样的情感。正确的客户通过对产品正确的评估，最终会得出正向的情感。因为产品节能环保，因为自己对家人、对同事的健康关注，所以他们会对迎合其需求的产品产生一种喜爱的情感，因为喜爱所以愿意尝试使用。反之，错误的客户对产品会产生错误的评估，从而产生负面的情感，直接对产品说"NO"。而我们也会因为找到了错误的客户，得到错误的评估从而影响了我们的情绪。

通过上述分析得知，有的业务人员之所以判定客户"没意向"，是因为他自己对客户的评估出了大问题。客户有各种各样的，对产品有赞同、肯定的；有对产品冷淡的；也有"口是心非"的；更有虽然对产品没有反应，但他心里却对产品很倾心的等。"客户无意向"的根源在于我们自己，这种负面的情绪会直接影响开拓者开拓市场的热情。

正所谓思想驱动情感，情感产生行动。反思客户"无意向"现象，我们是否将每次营销都当作一个"事件"来对待？对于营销事件的评估、客户需求的评估是否恰当？恰当地评估思考才会产生适当的情绪，从而更好地激励行动。同时，我们对于事业、产品情感的强烈程度，直接影响到营销事件能否完成，同样也会影响到客户对于产品的情感。所以，转变自己回归本元，一切从改变自己开始。

改变自己不仅是态度问题，更是方法问题。根据与客户的沟通情况进行一下客户分类，可以把他们分为五类并做进一步的沟通，如表4-11所示。

表4-11　应对不同客户的方法

序　号	实施方法
1	对于有兴趣购买的客户，应加速处理。积极的电话跟进、沟通，取得客户的信任后，尽快将客户过渡到下一阶段
2	对于考虑、犹豫的客户，此阶段的目的就是沟通、联络，不要过多地营销产品。要使用不同的策略，千万不要电话接通后立即向客户营销产品，而是要与客户沟通，了解客户的需求、兴趣，拉进与客户的距离，通过几次电话沟通，将客户区分为有兴趣购买，近期不买，肯定不买的类型，从而区别对待
3	对于近期不买的客户，要以建立良好关系为目标，千万不要放弃此类客户。要与客户沟通，记录客户预计购买此类产品的时间等信息，同时要与客户保持联络渠道的畅通，使客户允许公司定期地将一些产品的功能介绍等宣传资料邮寄给客户或电话通知客户，同时在客户需要的时候可以与公司或与本人联系
4	对于肯定不买的客户，在沟通中一定要排除客户的心理防线，然后了解客户不购买的原因，如果有产品功能方面的问题，一定要为客户做好解释，并将客户的一些扩展功能记录，集中汇总并提供给业务开发部门，以便改良产品或开发新产品
5	对已经报过价没有信息回馈的客户，可利用贸易通交流，也可以电话跟踪沟通，主要询问一下客户对产品的售后服务、产品质量、使用细则等还有什么不明白的地方再做进一步详谈。价格是客户一直关心的最大问题，为了打消客户能否合作的顾虑，可以着重介绍一下产品的优点与同行产品的不同之处、优惠政策等，要让客户觉得物有所值，在沟通价格时建议在言语上暗示一些伸缩性，但一定要强调回报，比如"如果你能够现款提货，我可以在价格上给予5%的优惠待遇"或"如果你的定货量比较大的话，在价格方面我可以给你下调3%"，这样既可以让客户对我们的产品有更进一步的了解，在价格方面也有一定回旋的余地。切记，更好的服务、更高的产品质量才是赢得客户的"法宝"

意向客户在所有客户中是个重点，因此必须实施跟进策略。首先是对这

些客户的资料要详细记录到客户管理软件上，比如好笔头业务云笔记，接着把这个客户每次跟进的情况记录下来。另外，对意向客户应加速处理，积极地电话跟进、沟通，取得客户的信任后，尽快将客户过渡到下一阶段。我们要使用不同的策略，千万不要电话接通后立即向客户营销产品，而是要与客户沟通，了解客户的需求、兴趣，拉近与客户的距离，通过几次电话沟通。后期计划跟进，并把跟进的时间在好笔头上设置好，时间一到如果没有跟进，也会做出相应的提醒。

5. 目标评估标准

目标评估可分为目标合理性评估及计划可行性评估。这两项评估的核心是对目标大小的评估。目标分解完全后，单位时间无法完成目标所显示的工作量，表明该目标太大。比如，某员工定立目标，每年收入达到 12 万元。结果他的多权树显示他每月薪水是 3000 元，显然单位时间内他是无法完成该目标的，那么表明该目标太大。目标分解完全后，单位时间可轻易完成目标所显示的工作量，表明该目标太小。比如，某君定下目标，10 年内薪水翻一翻。多叉树分解的结果显示，他每天只需做一件事，那就是准时上下班，不被炒鱿鱼就行。因为只要单位容忍他混日子，他几乎无须任何努力就可以实现目标。显然该目标太小。

就目标评估标准而言，具体有以下几个标准：一致性标准、和谐性标准、适宜性标准、可行性标准、可接受性标准、优势性标准。

一致性标准是目标评估的重中之重，它指的是在评估销售目标时，相关销售的各个部门及人员是否看清销售目标并为之努力，如果目标不清就无法实现目标。比如下面这个射箭示意图，所有的箭都没有射中靶心目标，表明这是一个失败的"目标管理"，如图 4-8 所示。

目标评估涉及各个部门、每一个相关人员，这是一个系统工程，因此评

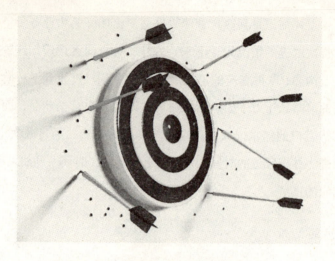

图 4 - 8　目标管理要求一致性的示意图

估目标时，应在系统目标、人力绩效评价指标和评价目的三者之间取得一致。这是建立有效的人力绩效评价指标体系的前提条件，如表 4 - 12 所示。

表 4 - 12　目标评估原则与方法

原则与方法	实施细则
人力绩效评价指标与系统总目标的一致性	即在决策和计划中所确定的人们所期望的内容及其数量值。系统输出的评价均体现为目标实现的程度，在人力系统中，就是业绩水平，这决定了业绩评价必须和系统目标相联系。而人力绩效评价指标表达的是评价的要求，必然要与系统目标相一致，这体现在两个方面。一是内容是否一致。人力绩效评价指标的内容是否反映了目标的实质含义，做到一致性。评价目标的内容不仅能够正确评价系统输出对目标值的实现程度，而且能引导系统朝着正确的方向发展。二是内容是否反映了目标的整体性。评价目标的内容是否反映了系统总目标的整体和各个侧面。综合评价要求人力绩效评价指标不应该是单一的，而是根据系统的总目标进行科学的分析、系统的了解，并建立一套能够反映系统总目标和整体效率的多方面、多层次有机联系的人力绩效评价指标体系

续表

原则与方法	实施细则
人力绩效评价指标与评价目的的一致性	人力绩效评价指标体系是一组既独立又相关并能较完整的表达评价要求的评价因子，也就是说，人力绩效评价指标体现的是评价要求、评价目的。由于评价目的不同，人力绩效评价指标也应该有所变动
评价目的与系统目标的一致性	人力绩效评价指标既要与系统目标一致，又要与评价目的相一致，这就要求评价目的与系统目标具有良好的一致性。否则，设计人力绩效评价指标体系过程将遇到难以两相适应的局面，导致评价工作的失败。另外，系统目标决定了一切活动，评价工作必须服务于系统目标。评价只是一种手段，为评价而评价的活动是毫无价值的。因此，评价的目的和系统目标的一致性也是目标一致性原理所要求的

　　和谐性标准是对目标的又一个考量。目标评估标准中的和谐指的是：目标是否与企业文化的和谐，目标是否与企业核心竞争力的和谐，目标是否与企业员工愿望的和谐，目标是否与整个社会环境的和谐等。"和谐"是事物能够平衡发展的必然，也是事物发展的总趋势。

　　适宜性是指目标管理体系与企业组织所处的客观情况的适宜过程。这种适宜过程应是动态的，即目标管理体系应具备随内外部环境的改变而做相应的调整或改进的能力，以实现规定的目标。其中涉及的目标指标如果不具适宜性，那么，制定这样的目标指标，适宜性不强，达不到预期的效果，起不到提高管理水平证明体系有效运行的作用。比如在一些企业审核目标时，发现策划的目标指标不具适宜性，如市场部要求目标的实现率为100%，从常理来说，这显然是不可能的，所以这个"100%"的指标就不具适宜性。

　　可行性标准从某种意义上说比目标更重要。下面请看一个目标可行性评估的例子：

　　在目标管理课程上，有个学员举手问老师："老师，我的目标是想在一年内赚100万元！请问我应该如何计划我的目标呢？"

老师便问他："你相信你能达成吗?"

学员说："我相信!"

老师又问："那你知道要通过哪个行业来达成?"

学员说："我现在从事保险行业。"

老师接着又问他："你认为保险业能帮你达成这个目标吗?"

学员说："只要我努力，就一定能达成!"

老师说："我们来看看，你要为自己的目标做出多大的努力:根据我们的提成比例，100万元的佣金大概要做300万元的业绩。一年300万元业绩，分解开的情况是:一个月25万元业绩，每一天8300元业绩。"老师接着问，"每一天8300元业绩，大既要拜访多少人?"

学员说："大概要50个人。"

老师说："那么一天要50人，一个月要1500人，一年呢?就需要拜访18000个客户。"

老师又问他："请问你现在有没有18000个A类客户?"学员说没有。"如果没有的话，就要靠陌生拜访。你平均一个人要谈上多长时间呢?"学员说至少20分钟。

老师说："每个人要谈20分钟，一天要谈50个人，也就是说你每天要花多于16个小时与客户交谈，还不算路途时间。请问你能不能做到?"

学员说："不能。老师，我懂了。这个目标不是凭空想象的，是需要凭着一个能达成的计划而定的。"

事实说明，目标不是凭空想象的，是需要凭着一个能达成的计划而定的。计划是目标的度量仪!而这个计划就是可行性标准。由此可见，所谓可行性标准，就是对目标的评估最终还要落实到目标收益、风险和可行性分析的财务指标上。

可接受性标准，就是评估所选择的目标能否被企业利益相关者所接受。

这里主要涉及的是企业的利益相关者，比如股东、管理层、员工，以及政府、购买者和供应者、社会大众等。

　　优势性标准，就是评估所选择的目标是否发挥了企业的优势，克服了劣势，是否利用了机会，将威胁削弱到最低程度，是否有助于企业实现目标。这主要看是否适合企业自身具有的条件，比如资源优势、机会等。

【心得体会】

_____

_____

_____

_____

【行动计划】

_____

_____

_____

_____

结束语：行动带来改变

古希腊著名哲学家、政治家亚里士多德曾经说，生命的本质在于追求快乐。使生命快乐的途径有两条：第一，发现使你快乐的时光，增加它；第二，发现使你不快乐的时光，减少它。上帝并未给你建造出天堂，也未建造出人间，更未建造出朽与不朽，因此你要运用选择的自由和权力，把自己当成一个雕塑自己的工匠，尽可能地雕塑出自己喜欢的式样，使自己重生成更高层的生命。

应该说，保持良好的心态，享受快乐生活、营造美好人生主要是思想问题。享受快乐生活就要塑造美好的自我，从自我开始，要正确认识自我，善于改造自我，不断充实自我，努力深化自我，奋力超越自我。要不断以新的自我取代旧的自我，在这个过程中不断使自己的思想境界升华，你的快乐、你的幸福自然就会到来。

记住：在销售中是否快乐与幸福，是否觉得充实，是否表现得出类拔萃，不在于你是谁，或者你有什么，它只在于你想的是什么，拥有什么样的心态，采取什么样的行动。从现在开始，立即行动，坚持不懈，直到成功！

从现在开始，请你按照书中所说的要求去做，并强化以下意识：不要自我设限，将消极的情绪积极化——快乐起步；将简单的销售复杂化——想事复杂；将复杂的销售流程简单化——做事简单；将自己的梦想现实化——实现目标，立即行动，直到成功。

祝每一个企业、每一个销售人员都能在销售领域获得成功！